Liebe Welt, wie geht es dir?

Toby Little

Toby Little

Liebe Welt, wie geht es dir?

Ein kleiner Junge verbindet die Menschen mit seinen Briefen

Übersetzung aus dem Englischen
von Ulrike Raimer-Nolte

Lübbe

Titel der englischen Originalausgabe:
»Dear World, How Are you? The true story of a little boy on a big quest«

Für die Originalausgabe:
Copyright © 2016 by Toby Little
Published by arrangement with Michael Joseph, an imprint of Penguin Random House UK

Für die deutschsprachige erweiterte Ausgabe:
Copyright © 2016 by Toby Little und Bastei Lübbe AG, Köln
Die Rezepte in diesem Buch sind den Briefen entnommen, die Toby bekommen hat.
Für das Gelingen der Gerichte kann daher keine Garantie übernommen werden.
Projektleitung für die deutsche Ausgabe: Ramona Jäger
Textredaktion: Ramona Jäger; Sylvia Gredig, Köln
Umschlaggestaltung: Florian v. Wissel, hoop-de-la, Köln
Einband-/Umschlagmotiv: Florian v. Wissel unter Verwendung von Motiven von © Fotolia/romvo; Fotolia/andilevkin; Fotolia/.m.i.g.u.e.l.; Sabine Little
Satz: Florian v. Wissel, hoop-de-la, Köln
Gesetzt aus der TheSans, TheSerif, Journal, Supernett, Carrotflower
Druck und Einband: Appel & Klinger, Schneckenlohe

MIX
Papier aus verantwortungsvollen Quellen
FSC
www.fsc.org
FSC® C100257

Printed in Germany
ISBN 978-3-7857-2581-8

5   4   3   2   1

Sie finden uns im Internet unter: www.luebbe.de
Bitte beachten Sie auch: www.lesejury.de

Ein verlagsneues Buch kostet in Deutschland und Österreich jeweils überall dasselbe.
Damit die kulturelle Vielfalt erhalten und für die Leser bezahlbar bleibt, gibt es die gesetzliche Buchpreisbindung. Ob im Internet, in der Großbuchhandlung, beim lokalen Buchhändler, im Dorf oder in der Großstadt – überall bekommen Sie Ihre verlagsneuen Bücher zum selben Preis.

Inhalt

Für alle, die mir bei meiner Idee geholfen haben,
und für jedes Kind mit einem großen Traum.

Toby

Einleitung

Tobys Vorwort

Liebe Welt,

dieses Buch handelt von meinem großen Abenteuer, an jedes Land der Erde zu schreiben. Meine Mama erzählt euch gleich die Geschichte, wie alles angefangen hat. Eigentlich ist es keine richtige Geschichte. In richtigen Geschichten gibt es magische Wesen und sonstige Sachen, die ausgedacht sind, aber hier ist alles wahr. Trotzdem ist es auch ein bisschen magisch, finde ich. Wenn Dinge passieren, die man sich nie vorstellen konnte, dann ist das fast wie Zauberei, bloß auf andere Art.
Ich will euch das Buch nicht kaputt machen, indem ich vorher zu viel erzähle. Lest es einfach, wenn ihr wollt. Ich hoffe, das Buch gefällt euch allen!
Tschüss

Toby (7 Jahre)

Sabines Vorwort

Alles begann am 16. Juni 2013. Damals kam Toby mit einem Buch aus der Schule, das *Ein Brief an Neuseeland* hieß. Die Kinder sollten es zu Hause mit ihren Eltern lesen. Toby war fünfeinhalb und hatte fast das sogenannte Begrüßungsjahr hinter sich, mit dem in Großbritannien die Schullaufbahn anfängt. In dem Sachbuch wurde erklärt, wie Briefe auf die Reise gehen – vom Briefkasten in einen Postlaster, dann ins Sortierzentrum, schließlich ins Flugzeug ... und den ganzen Weg bis zu einem kleinen Jungen in Neuseeland. Im Buch war auch eine Landkarte, sodass Toby eine Vorstellung davon bekam, wie weit entfernt Neuseeland lag. Er hatte gerade erst Schreiben gelernt und fragte mich, ob er einen Brief nach Neuseeland schicken könnte. Ich kannte dort zwar niemanden, aber dachte mir, wenn ich ein bisschen meine Fühler ausstreckte, würde ich schon einen Adressaten finden. So lief unser Gespräch ab:

Toby: »Mama, kann ich einen Brief nach Neuseeland schreiben?«

Ich: »Äh ... ja, ich denke schon. Zuerst muss ich da natürlich jemanden finden, aber ich kann mal rumfragen. Soll ich das tun?«

Toby: »Ja! Danke, Mama, vielen Dank!«

Ich: »Okay, dann machen wir es so.«

(Pause)

Toby: »Mama?«

Ich: »Ja?«

Toby: »Kann ich einen Brief an jedes Land der Welt schreiben?«

Ich: »...!!«

An diesem Punkt angekommen, schossen mir alle möglichen Gedanken durch den Kopf. Wie groß die Welt ist, wie viele Länder es gibt und ob es überhaupt möglich wäre, in jedem Land einen Adressaten zu finden ... Ich entschied, dass sich Tobys Frage nicht einfach mit »Ja« oder »Nein« beantworten ließ. Stattdessen setzten wir uns zusammen und sprachen darüber, was eigentlich ein Land ist und dass man dieses Wort ganz unterschiedlich definieren kann. Wir durchstöberten gemeinsam das Internet und kamen zu dem Schluss, dass man am eindeutigsten von einem »Land« sprechen konnte, wenn es von der UNO als Mitglied anerkannt war. – Also gab es 193 Stück. Das wären eine ganze Menge Briefe für einen kleinen Jungen. Vor allem, da er bisher noch nie einen Brief geschrieben hatte. Deshalb schlug ich vor, er solle bescheiden anfangen, vielleicht erst einmal fünf Stück, und sehen, wie ihm das Schreiben gefiel. Toby fand die Idee spitzenmäßig – und ich begann im Internet nach Leuten zu suchen, die mir helfen könnten, Empfänger für die Briefe zu finden. In meinen sozialen Netzwerken fragte ich herum, ob jemand vielleicht eine Person im Ausland kannte, die einen Brief von Toby annehmen und beantworten würde.

Mehrere Leute hinterließen hilfreiche Kommentare, und so bekamen wir tatsächlich fünf Adressen zusammen – drei in den USA, eine in Frankreich und eine in Australien. Toby wollte auch gern nach Deutschland schreiben, wo ich herkomme und er auch schon zu Besuch war. Aber da ich im Sommer aus beruflichen Gründen in meine alte Heimat reisen würde, wollte er mir dann einen Brief hinterherschicken.

Toby brauchte eine Woche, um die fünf Briefe zu schreiben. Der allererste ging an Patricia auf Hawaii. Er war ziemlich kurz, sodass Toby nur eine gute halbe Stunde daran schrieb. Netterweise antwortete Patricia sehr schnell.

Brief an Patricia

Hallo Patricia,
geht es dir gut? Lebst du wirklich in einer Stadt, die wie ein Vulkan heißt? Da würde ich auch gern leben.
Tschüss

Toby

Antwort von Patricia

Lieber Toby,
ich lebe auf der größten Insel des Staates Hawaii. Wir haben hier gleichzeitig einen aktiven Vulkan und einen Berg, auf dem im Winter Schnee liegt. Danke für deinen lieben Brief.
    Aloha
    Patricia

Der Briefwechsel war zwar kurz, aber für das erste Mal perfekt. Patricias Heimatstadt mit dem Namen »Volcano« klang nach einem sehr coolen Wohnort und brachte Tobys Fantasie zum Sprühen. Er wollte von Patricia mehr darüber wissen, und wir schauten uns den Ort auch im Internet an. Dadurch stellte Toby fest, dass er vorm Schreiben gern »recherchierte«, um in den Briefen gezielt Fragen zu stellen, auf die er eine Antwort haben wollte. Im Laufe der Zeit fanden wir auch heraus, wie man mit einem kleinen Jungen, der gerade erst Lesen und Schreiben lernt, am besten recherchiert: Ich übernahm das Tippen, und wir begannen bei der Internetsuche immer mit der Stadt oder dem Wohnort. Wir googelten nicht nach Texten, sondern ließen uns Bilder auflisten, sodass Toby frei aussuchen konnte, was ihn interessierte – Lebewesen, Gebäude, Denkmäler. Dann klickten wir darauf, und ich half Toby zu entscheiden, ob die dargestellte Szene tatsächlich für den Brief Sinn machte. Besonders schwierig konnte das werden, wenn der Bildtext in einer fremden Sprache geschrieben war.
    Nachdem wir herausgefunden hatten, worum es sich bei dem Bild handelte, überlegte sich Toby eine Frage dazu. »Warst du schon einmal in ...?« oder »Was gibt es da zu sehen?« waren ziemlich häufige Formulierungen, aber Toby interessierte sich auch für den Schulbesuch in anderen Ländern, für die Berufe der Adressaten, für das Essen und einheimische Feste. Die nächsten fünf Briefe gingen nach Italien, Japan ... und den Rest haben wir beide tatsächlich vergessen. Schließlich hätten wir nie gedacht, dass sich jemand eines Tages dafür interessieren würde! Obwohl Toby angekündigt hatte, dass er an jedes Land der

Welt schreiben wollte, schickte er seine Briefe zuerst einfach an alle, die sich als Kontakte zur Verfügung stellten. Fünf Briefe ... zehn Briefe ... Sie gingen zum Teil an dieselben Staaten, aber nach ungefähr 15 Briefen überlegte ich mit Toby noch einmal genauer, welche Länder ihm für seine Sammlung wirklich, wirklich wichtig waren. Eines davon war Ägypten, also machte ich mich daran, über Freunde von Freunden jemanden für den Briefwechsel zu finden. Von Anfang an fotografierten wir alle Briefe und ziemlich früh stellten wir auch unsere Website ins Netz: www.writingtotheworld.com. Wir wollten sie vor allem als Archiv benutzen. Falls mal einer von Tobys Briefen auf dem Postweg verloren ging, konnten seine Kontakte sie dadurch trotzdem lesen. Außerdem dauerte es oft einige Zeit, bis die Antworten kamen, und wir stellten fest, dass Toby bis dahin meistens gar nicht mehr wusste, welche Fragen er gestellt hatte. Also war es auch für ihn hilfreich, die Briefe auf der Website zu sammeln, damit er sich besser erinnern konnte.

Schnell wurde Toby klar, dass nicht alle Kinder ein ähnliches Leben führten wie er selbst. Zuerst ging es dabei vor allem um fremde Sprachen, fremdes Essen, fremde Häuser, aber eines Tages bekamen wir eine Adresse in Somalia. Zum ersten Mal musste ich Toby bitten, kurz zu warten, während ich die Bilder im Internet durchschaute. Und zum ersten Mal machte ich mir Gedanken, wie ich mit den Fragen umgehen sollte, die Toby vielleicht stellen würde. In seinem Brief wollte er dann wissen, was wir am besten tun könnten, um den Kindern in Somalia zu helfen. Also suchte ich mit ihm nach einem Spendenprojekt, dessen Hilfsarbeit man einem Fünfjährigen gut erklären konnte. Wir fanden »ShelterBox – Die Überlebenskiste«. Die Organisation hatte nicht nur eine kinderfreundliche Website, sondern brachte sogar Infobücher für Kinder heraus, in denen erklärt wurde, welche Katastrophen rund um die Welt geschehen können. Wir lasen nach, was ein Tsunami, eine Flutkatastrophe und ein Erdbeben sind. Toby entschied, dass er genug Spendengeld zusammenbringen wollte, um eine »Überlebenskiste« zu bezahlen, also ungefähr 750 Euro.

Nach gut zwei Dutzend Briefen begannen die Sommerferien, und wir hatten sechs Wochen Zeit, die Welt von zu Hause aus zu entdecken. Statt in den Urlaub zu fahren, spielten wir im Garten, unternahmen Stadtspaziergänge, und

Toby verfasste Briefe. Dann musste ich für gut zwei Wochen nach Deutschland, und er schickte mir wie geplant einen Brief hinterher. Ich traf auf meiner Reise mehrere Leute aus anderen Ländern, sodass ich mit neuen Adressen für Toby zurück nach Hause kam.

Wir sind oft gefragt worden, woher wir denn die ganzen Kontakte hatten. Manche Leser schienen zu glauben, dass Toby einfach an zufällige Adressen schrieb, aber so war es nicht. Hinter jedem einzelnen Brief steckt irgendeine freundliche, hilfsbereite Person, die sich im Voraus bereit erklärt hat, Toby zu antworten. (Es gab drei ... vielleicht auch vier Ausnahmen, aber darauf kommen wir später im Buch.) Wir konnten so viele davon finden, weil die Erde voll von netten Menschen ist. So viele wollten Toby helfen, sich seinen Traum zu erfüllen.

Spätestens als Toby ungefähr beim 40. Brief angekommen war, wurde mir klar, dass er eine ungeahnte Durchhaltekraft besaß. Er würde nicht einfach aufgeben, also konnte ich wenigstens dafür sorgen, dass er tatsächlich in jedem Land einen Ansprechpartner fand und weitermachen konnte, solange er wollte. Inzwischen bekamen wir auch Adressen durch Freunde von Freunden, und ab und zu war darunter eine Person mit Mengen von Kontakten. Das beste Beispiel sind wohl die gute Freundin einer früheren Arbeitskollegin und deren Schwager. Wir haben diese beiden Menschen nie persönlich getroffen, aber hin und wieder bekam ich plötzlich Nachrichten von ihnen, in denen stand: »Hab jemanden auf den Seychellen gefunden« oder »Hier kommt Tadschikistan«. Zusätzlich zu dieser Mund-zu-Mund-Propaganda schrieb ich E-Mails an Museen, Schulen, Botschaften, Naturschutz- und Hilfsorganisationen. Ab und zu stieß ich dabei auf eine echte Goldgrube, zum Beispiel als ich den Hauptsitz der Non-Profit-Organisation »African Parks« in Südafrika anmailte. Eine liebenswerte Dame namens Dominique reagierte darauf, indem sie meine Anfrage gleich an alle Nationalparks weiterleitete, die zu ihnen gehörten. Als die Schulferien endeten, war Toby auf bestem Wege, sein Ziel zu erreichen. Tatsächlich fehlten ihm Mitte September 2013 nur noch sieben Länder und er hatte über 250 Briefe geschrieben. Das hätten wir uns am Anfang wohl beide nicht vorstellen können. Während dieser ganzen Monate war die Aktion still vor sich hingelaufen, nur über persönliche Kontakte und Freunde von Freunden (von Freunden von Freunden von Freunden). Und viele von Tobys Briefbekanntschaften wollten gern informiert bleiben, wofür sich die Website nicht wirklich eignete. Wir richteten also eine Facebook-Seite ein, die zu Beginn ungefähr 100 Mitglieder hatte – Familie, Freunde und frühere Kontakte. Dort berichteten wir von unseren Erfolgen: frisch angekommene Briefe, neue Länderadressen, Koch- oder Backrezepte, die wir erhalten und ausprobiert hatten ... Inzwischen war Toby seinem Ziel so nahe, dass wir sicher waren, es könne sich nur um eine Frage der Zeit handeln.

Dann merkten wir plötzlich, dass sich etwas geändert hatte. Ende September 2013 erhielten wir über Nacht mehrere Hundert Nachrichten. Innerhalb eines Tages wuchs die Zahl der Facebook-Likes von 100 auf 1000, dann 2000, dann 3000. Zeitungsreporter meldeten sich. Wir konnten uns nicht erklären, was diesen Wandel bewirkt hatte. Schließlich entdeckten wir eine harmlose kleine Nachricht, geschrieben von einem umsichtigen Menschen, der Toby unterstützen wollte: »Ich habe auch im Portal Reddit über euch gepostet. Das stört euch hoffentlich nicht!«

Jetzt wünschten sich Tausende von Menschen in der ganzen Welt, Tobys Brieffreunde zu werden oder ihm Sachen zu schicken. An den Nachrichten konnten wir mitverfolgen, in welchem Land gerade wieder ein Zeitungsartikel über uns erschienen war. Viele davon fanden wir auch im Netz, auf Englisch, Spanisch, Portugiesisch, Serbisch, Italienisch, Koreanisch, Russisch, Vietnamesisch, Chinesisch, Urdu ... Wir wurden mit einem Taxi zu unserem lokalen Fernsehsender gefahren, um ein Interview zu geben, danach wurde Toby auch vom BBC Radio Sheffield und vom BBC World Service interviewt. Ich kann mich erinnern, dass ich Toby von der Schule abholte und als Erstes sagte: »Da hat ein Reporter aus New York angefragt, ob du mit ihm reden willst ... was meinst du?« Unser Leben wurde für eine Weile ziemlich verrückt. Das Verlagshaus, von dem das Sachbuch *Ein Brief an Neuseeland* stammte (nämlich Collins Big Cat), bot uns an, die Spendenaktion für Tobys erste Überlebenskiste zu unterstützen, sodass er dem Projekt »ShelterBox« bald über 1000 Euro schicken konnte.

Wir bekamen auch ein paar Angebote von Leuten, die Toby adoptieren wollten (was wir nicht ernsthaft in Betracht zogen!). Aber vor allem erhielten wir eine unglaubliche Menge rührender Nachrichten von wildfremden Menschen,

14

die irgendwo in einem fernen Land lebten und die uns wissen lassen wollten, dass Tobys Idee etwas in ihnen berührt hatte. Sie schrieben von dem Glauben und der Hoffnung auf eine bessere Welt – von kindlichem Staunen – von der entschlossenen Kraft, einem Traum zu folgen. Manche Botschaften waren zutiefst persönlich, und in sehr vielen entschuldigten sich die Leute erst einmal für ihr gebrochenes Englisch. Aber die Sprache war kein Problem – wir staunten einfach nur, dass sich so viele Menschen die Mühe machten, Toby anzuschreiben, um ihm zu sagen, dass sie seine Idee mochten. Zum Teil benutzten die Leute auch ihre eigenen Sprachen, und wenn wir etwas nicht verstanden, suchten wir uns Hilfe, um die Texte zu übersetzen. Toby entschied, dass er in Zukunft haufenweise Sprachen lernen wollte, um sich mit möglichst vielen Menschen auf der Welt unterhalten zu können.

Wir konnten nicht auf alle Nachrichten antworten, das war einfach unmöglich, aber wir haben jede einzelne davon gelesen. Und so wurde die Facebook-Seite zu einer Chance, uns mit der ganzen Welt zu unterhalten. Inzwischen ist das Netzwerk auf über 8000 Personen aus allen möglichen Ländern angewachsen. Sie wollen Toby an ihrem Leben teilhaben lassen, aber genauso wichtig ist es ihnen mittlerweile, sich den anderen mitzuteilen und aus den Antwortbriefen zu lernen, die Toby erhielt. Zum Beispiel fragte er gern, mit welchen Tieren die Leute (freiwillig oder unfreiwillig) ihre Wohnung teilten, und so erfuhren wir von Schlangen mit dem lustigen Namen »Boom-Slang« in Südafrika und von Skorpionen in Zentralamerika. Als Toby für einen Wohltätigkeitsbasar basteln wollte, um Geld für ShelterBox zu sammeln, baten wir »die Welt« um Vorschläge und entschieden uns für geflochtene Papierfische aus Thailand. Wir fragten nach Rezepten und verbrachten viele spannende Wochen damit, zu kochen und zu backen.

Und die ganze Zeit über ging das Briefprojekt weiter.

Irgendwann mittendrin, Anfang Oktober 2013, bekamen wir eine Adresse für das letzte Land, nämlich San Marino. Toby schrieb den Brief und hatte damit tatsächlich alle Staaten der Welt erreicht. Er war mit der Aufgabe fertig. Mission erfüllt.

Oder doch nicht?

Vorn in der Einleitung hat Toby geschrieben, das Buch sei keine »richtige Geschichte«, weil nichts daran ausgedacht ist. Das stimmt noch aus einem anderen Grund, denn wie Toby gerade in der Schule lernt, braucht eine Geschichte einen Anfang, einen Mittelteil und einen Schluss. Jetzt und hier wäre eine gute Stelle für ein Happy End. Aber statt des glücklichen Endes bekommen wir einen glücklichen Mittelteil, denn Toby sah nicht ein, warum er mit dem Briefeschreiben aufhören sollte.

Als Toby im November 2013 seinen sechsten Geburtstag hatte, bat ich die Welt, mir bei einer Überraschung zu helfen. Menschen auf dem ganzen Erdball knipsten Fotos von sich selbst und hielten Zettel in der Hand, auf denen »Herzlichen Glückwunsch, Toby!« stand. Am unvergesslichsten waren wohl James und seine Kollegen, die mit einem großen, selbst gemalten Banner am Südpol standen.

Inzwischen braucht Toby nicht mehr so viel Hilfe beim Recherchieren. Auf Hunderten von Briefen lässt sich auch gut verfolgen, wie sich im Laufe der Zeit seine Handschrift entwickelt hat – das erste Verbinden von Buchstaben, die Schnörkelphase. Im Rückblick bedauern wir eigentlich nur, dass Toby seine Briefe nie mit einem Datum versehen hat. Manchmal helfen bestimmte Ereignisse, sie zeitlich einzuordnen. Sein Brief nach Syrien (auch ein Land, bei dem ich die Bilder zuerst durchschaute) wurde ein paar Tage nach den Giftgasangriffen 2013 geschrieben. In vielen Texten finden sich Hinweise auf aktuelle Naturkatastrophen. Tobys Idee hatte für uns auch einen Nebeneffekt. Wann immer in der Welt etwas passiert – ganz egal wo, – kennen wir dort jemanden. Als die Philippinen im November 2013 von dem Taifun Haiyan getroffen wurden, haben uns Anika und ihre Schulklasse auf dem Laufenden gehalten und versichert, dass es ihnen gut geht. Toby sammelt immer noch Spenden, und wann immer in einem Brief steht, dass eine weitere Überlebenskiste in ein Notstandsgebiet geschickt wurde, freut er sich, weil er ein wenig helfen konnte. Alle Katastrophen sind für uns persönlich geworden. Jede einzelne ist nun mit einem Namen, einer Geschichte und einem Brief verbunden.

Im November 2015, während ich diesen Satz schrieb, hatte Toby insgesamt 562 Briefe abgeschickt. Im Mai 2016 sind es schon 938. Und wenn Sie das Buch in Händen halten, werden es wahrscheinlich noch viel mehr sein. Fragt man

Toby heute, wie lange er weitermachen will, dann lautet seine Antwort: »Bis ich erwachsen bin.« Vielleicht steht er aber auch morgen auf und verkündet, dass es ihm reicht, und zwar für immer. Das wäre völlig in Ordnung. Ich halte es allerdings für unwahrscheinlich. Als Toby mit der Aktion anfing, nannte er mir dafür drei Gründe: Er wollte mehr über die Welt wissen, mithelfen, dass die Menschen sich verstehen, und die Erde zu einem besseren Ort machen. Später hat er auch gesagt, er wolle »den Leuten zeigen, wie unglaublich toll die Welt ist«. Die Freundlichkeit und Hilfsbereitschaft der vielen Menschen, die sich an dem Projekt beteiligt haben, wäre für uns vorher unvorstellbar gewesen. Das galt nicht nur für die Briefkontakte und alle, die uns beim Adressensuchen geholfen haben, sondern auch für die vielen Facebook-Besucher und ihre Beiträge. Nur durch Leser wie Sie wurde Tobys Idee real und die Geschichte zu echter Magie. Danke! Vielen, vielen Dank von uns beiden.

Um diese Einleitung zu schreiben, habe ich mich zuerst ausgiebig mit Toby darüber unterhalten, was wir veröffentlichen wollen. Er hat alle meine Entwürfe gelesen und Vorschläge gemacht, wenn wir seiner Meinung nach etwas ändern sollten. Dasselbe gilt für die kurzen Geschichten, mit denen die Brieftexte in diesem Buch eingeleitet werden. Bei der Entscheidung, welche Briefe wir mit den Lesern teilen wollten, haben wir uns um eine Balance bemüht und möglichst verschiedene Kontinente, Altersgruppen und Themen abgedeckt. Dazu hätten wir auch andere Beispiele wählen können – Toby liebt jeden einzelnen Brief, den er bekommt, nicht nur die hier abgedruckten. Bei uns zu Hause stehen inzwischen ganze Kisten voll, und da Toby immer noch fleißig schreibt, besteht eigentlich jede Woche aus neuen Fragen, neuen Entdeckungen und neuen Kontakten zur Welt. Wir freuen uns sehr, dass Sie uns auf dieser Reise begleiten wollen.

Sabine, Tobys Mama

EUROPA

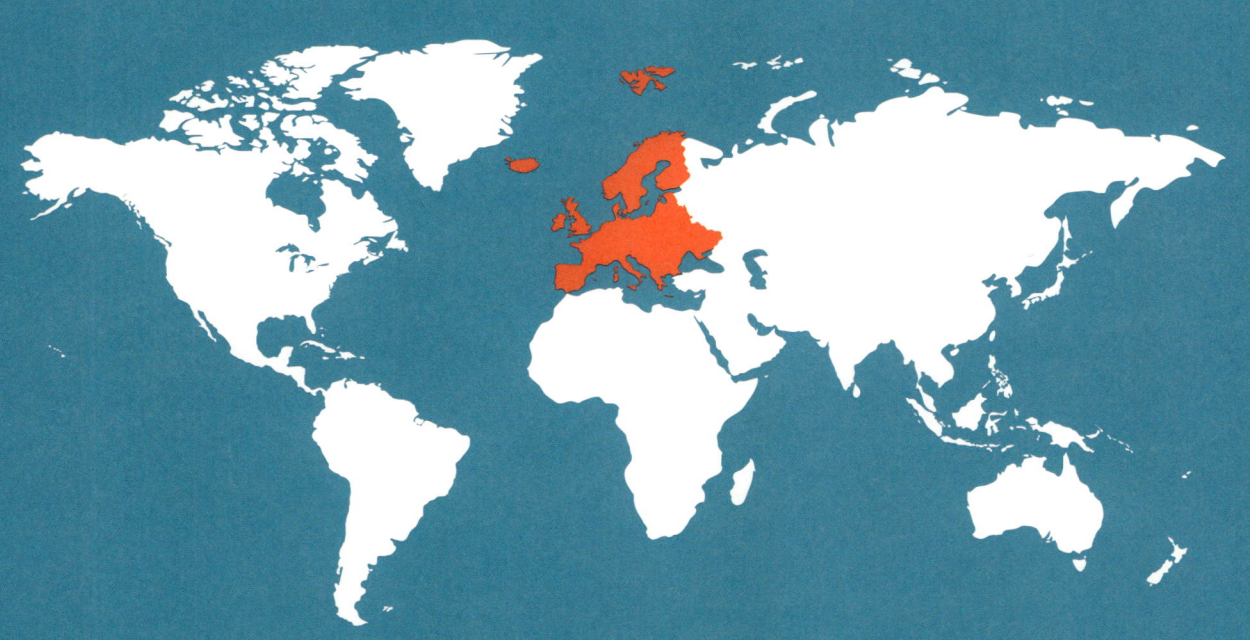

Bosnien–Herzegowina

Aus Bosnien-Herzegowina hat Toby keinen Brief bekommen,
sondern ganz viele bunte Zeichnungen. Sie stammen von
den fünfjährigen Schülern einer Schulklasse in Sarajevo.
Da die Jungen und Mädchen noch nicht sehr gut schreiben
können, haben sie Bilder von Dingen gemalt, die typisch
für ihre Heimat sind: Musikinstrumente, Nahrungsmittel,
Blumen und vieles mehr.

Durch die Bilder erfuhren wir, dass es in dem kleinen mitteleuropäischen Land viele Berge gibt und Flüsse, auf denen man mit Schlauchbooten unterwegs ist.

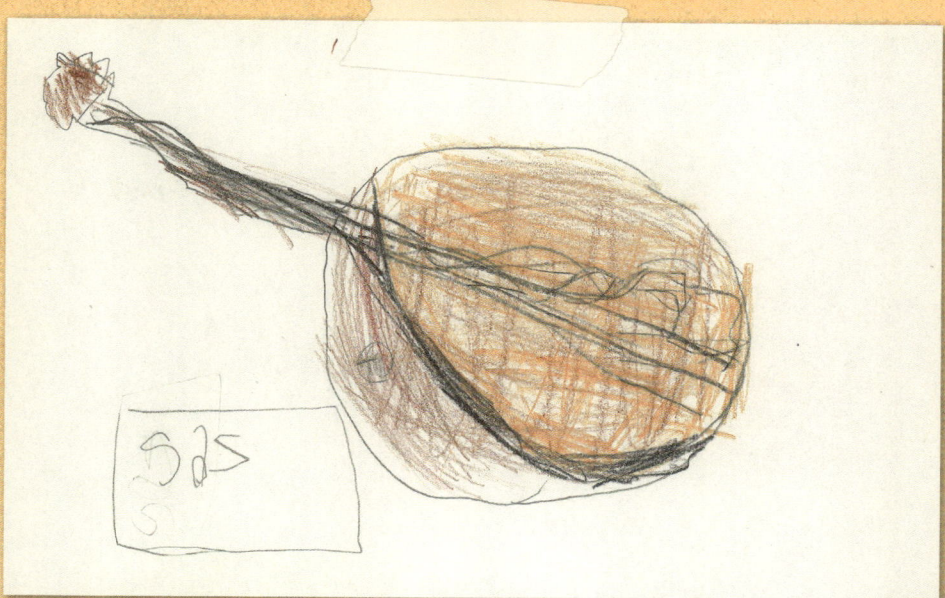

Auch Musik scheint in Bosnien–Herzegowina eine wichtige Rolle zu spielen. Ein Bild der Kinder zeigt das Zupfinstrument Saz. Es ist in Osteuropa sehr verbreitet und — Toby hat es sich im Internet angehört — klingt ganz anders als eine Gitarre.

Kaffee wird wohl fast in jedem Land getrunken. Aber meistens von Erwachsenen. Toby mag Milch und Apfelsaft jedenfalls viel lieber ... noch.

Dänemark

Toby hat mehrmals nach Dänemark geschrieben, und jeder dieser Briefe hätte hierher gepasst. Wir haben uns für den Austausch mit Laura entschieden, weil er noch ziemlich aktuell ist und sie außerdem in einem weniger bekannten Teil des Landes wohnt. Dänemark durch ihre Augen zu sehen, war für uns besonders schön, denn sie ist gerade erst dorthin gezogen und hat sich sofort in ihre neue Heimat verliebt.

Brief an Laura

Hallo Laura,

wie geht es dir? Warst du schon in Lindholm Høje? Auf den Fotos sieht es toll aus. Kann man in das U-Boot *Springeren* wirklich hineingehen? Hast du in dem Pavillon aus Wasser gestanden? Was ist dein dänisches Lieblingsessen? Ist der Winter richtig kalt?

Tschüss

Toby

Antwort von Laura

Lieber Toby,

wie geht es dir? Mir geht es gut und ich freue mich wirklich, von dir zu hören. Zuerst will ich alle deine Fragen beantworten, und dann erzähle ich dir noch ein bisschen mehr.

Ja, ich war schon in Lindholm Høje, und das uralte Gräberfeld ist genauso fantastisch, wie es aussieht. Besonders, wenn man das Glück hat, einen sonnigen Tag zu erwischen. Ich will nächstes Wochenende wieder dorthin fahren, weil dann ein Wikingerfestival stattfindet. Das darf ich auf keinen Fall verpassen! So etwas habe ich noch nie gesehen und freue mich schon sehr darauf. ☺

Wenn du jemals nach Aalborg kommst, kannst du selbst in das U-Boot hineingehen oder auf einen Panzer klettern und dir dazu spannende Geschichten anhören. (Hier spricht jeder Englisch, also geht das ganz problemlos.)

Leider bin ich aber noch nicht dazu gekommen, mich in den *Water Pavilion* zu stellen. Ich bin erst vor Kurzem nach Aalborg gezogen, und im Moment ist das Museum, zu dem das Kunstwerk gehört, wegen Renovierung geschlossen. Ich werde also bis zum Herbst warten müssen. Aber wenn ich hineingehe, schicke ich dir ein Foto, versprochen.

Immerhin habe ich mich einmal in den Springbrunnen gestellt, den du auf der Postkarte sehen kannst. Die Bilder zeigen meine Lieblingsplätze in Aalborg. Bloß Østre Anlæg (ein Stadtpark) ist nicht darauf. Ich habe außerdem nach einer Postkarte geschaut, die dänisches Essen zeigt, aber keine gefunden. Im Moment bin ich selbst noch dabei, die dänische Küche zu entdecken. Mein bisheriges Lieblingsgericht ist Hühnerfrikassee mit weißem Spargel. Das schmeckt viel besser, als es aussieht! Außerdem finde ich Rhabarber ganz toll!

Die Postkarte zeigt Lauras Lieblingsplätze in Aalborg.

Wie schon gesagt, bin ich erst kürzlich nach Dänemark gezogen, weil ich in Aalborg einen Job gefunden habe. (Ich bin Populationsgenetikerin und arbeite vor allem im Umweltbereich.) Also habe ich das italienische Sardinien verlassen und bin hierhergekommen. Meine Kollegen behaupten, der Winter hier sei gar nicht so kalt, Temperaturen um fünf Grad und wenig Schnee. Nun ja, ich muss zugeben, dass ich ihren Vorhersagen nicht ganz traue. Der dänische Frühling war jedenfalls wie tiefster Winter auf Sardinien, also ... ich hoffe, dass ich nicht erfriere!

Aber wenn man das Wetter mal weglässt, ist Aalborg ein wunderbarer Ort zum Leben. Es gibt mehrere Museen und viele Freizeitaktivitäten für jedes Alter. Letzten Monat habe ich an einer Führung teilgenommen, bei der Kindern erklärt wurde, welche Meeresgeschöpfe im Fjord leben. Jedes Jahr stellen die Studenten der Universität ihre Ideen und Erfindungen vor und auch die Kunstfächer präsentieren sich dem Publikum. In der Nähe des Kulturzentrums gibt es einen hübschen Park, wo alle möglichen Musiker (Sting, Elton John, Andrea Bocelli u.v.m.) Bäume gepflanzt haben. Eine schöne Idee, die noch netter wird, weil bei den Bäumen kleine Lautsprecher stehen, aus denen die bekanntesten Songs des jeweiligen Künstlers erklingen. Immer wieder gibt es auch Festivals mit Märkten, auf denen Traditionelles aus bestimmten Ländern (Italien) oder Kontinenten (Asien) gezeigt und verkauft wird. Ich bin ganz verrückt danach und hoffe, dass ich bald wieder solch eine Veranstaltung besuchen kann.

Jedes Jahr am 23. Juni wird ein großes Freudenfeuer entzündet, um mit Musik und feierlichen Reden den längsten Tag des Jahres zu begehen. Mitten dabei zu sein war fantastisch. Alles war voll von Menschen, als die Sonne um halb elf unterging.

Worauf ich mich schon wirklich freue, ist das *Tall Ship Race*. Das ist ein Wettkampf für große, mehrmastige Segelschiffe. Man kann sich sogar einer Crew anschließen und mitmachen!

Auf einem Dreimaster zu fahren, muss umwerfend sein!! Ich bin noch nie gesegelt, aber mit so einem Schiff fühlt es sich bestimmt an, als dürfte man einen ganzen Tag lang Pirat spielen! ☺

Hoffentlich konnte ich dir mein neues Zuhause gut genug beschreiben, denn ich liebe die Stadt jetzt schon und wollte ihre Schönheit und ihren Charme unbedingt mit dir teilen!

Viel Spaß in der Zukunft und behalte deine Entdeckerfreude! ☺

Ich wünsche euch alles Gute (deinen Eltern natürlich auch),

Laura

Deutschland

Tobys erster Kontakt in Deutschland war Sabine, aber diesen
Brief auszusuchen, hätte sich ein bisschen wie Mogeln
angefühlt! Neuerdings schreibt Toby auf Deutsch, da seine
Sprachkenntnisse sich ständig verbessern.
Vor dem Briefwechsel mit Astrid hatte Toby noch nie von
dem Beruf »Glaziologe« (Gletscherforscher) gehört.

Brief an Astrid

Liebe Astrid,

wie geht es dir? Was ist dein Lieblingsgletscher in der ganzen Welt? Warum bewegen sich Gletscher? Was gefällt dir am Leben in Immenstadt am besten? Kann man im Alpsee schwimmen?

Tschüss

Toby

Antwort von Astrid

Lieber Toby,

tut mir leid, dass meine Antwort etwas spät kommt. Ich hatte einen stressigen Oktober und war auch ein bisschen faul, denn wir hatten wunderschönes Herbstwetter. Also bin ich mit meiner Schwester in den Bergen wandern gegangen. Das gefällt mir besonders am Leben hier: Man kann durch die Natur wandern, klettern, Mountainbike fahren und schwimmen.

Vor ein paar Tagen ist in den Bergen schon der erste Schnee gefallen, deshalb ist es zum Schwimmen jetzt viel zu kalt. Aber im Sommer kann man im See baden. Dann steigt die Wassertemperatur auf über 20 Grad. Da der See mehr als drei Kilometer lang ist, kann man darauf auch surfen oder segeln, wenn der Wind ausreicht (vor allem im Frühling und Herbst).

Ich lebe außerhalb der Stadt in einem kleinen Nachbardorf. Hier habe ich Platz für einen Garten mit Blumen und meinem eigenen Gemüse. Im Moment muss ich die Pflanzen auf den kommenden Winter vorbereiten. Einige binde ich hoch, damit der Schnee sie nicht zerdrücken kann.

Wenn der Winter kommt, kann man hier in der Gegend sämtliche Arten von Wintersport betreiben, und ich liebe Schnee. Deshalb arbeite ich ja auch als Gletscherforscherin. Schnee und Eis sind etwas ganz Besonderes und faszinieren mich. Es gibt ein paar schöne Bücher von Kenneth George Libbrecht mit vielen Bildern von Schneeflocken, denn alle Schneekristalle sehen verschieden aus. Vielleicht kannst du dir die Bücher in der Bibliothek anschauen.

Ich habe keinen Lieblingsgletscher. Für mich sind sie alle speziell und einzigartig. Vor einer Woche waren wir am Schwarzmilzferner. Der Gletscher ist sehr klein (90.000 Quadratmeter) und nicht weit von meinem Heimatort entfernt (30 Kilometer). Wir besuchen ihn zweimal pro Jahr.

Im Frühling schauen wir nach, wie viel Schnee im Laufe des Winters gefallen ist, indem wir einen Schacht in die Tiefe graben. Im Herbst messen wir, wie viel Schnee und Eis während des Sommers geschmolzen sind. Dadurch können wir die ungefähre Masse des Gletschers im Laufe des Jahres bestimmen. In den letzten zehn Jahren sind ca. 15 Meter Fläche verschwunden und die Höhe geht auch ständig zurück.

In gewisser Weise verhält sich Eis ähnlich wie Honig: Auf einer abschüssigen Fläche bewegt es sich sehr langsam nach unten. Wenn du ein bisschen Honig auf ein Frühstücksbrett träufelst und es schräg hältst, kannst du sehen, wie sich die Masse in Bewegung setzt. Das Gleiche passiert mit Gletschereis auf einem Berghang. Je wärmer das Eis wird und je steiler der Hang ist, desto schneller fließt der Gletscher. Im Durchschnitt kommen Gletscher zehn bis 100 Meter im Jahr voran. Die schnellsten der Welt (Jakobshavn, Helheim, Columbia …) können dagegen 15 bis 20 Kilometer im Jahr zurücklegen, also 40 bis 55 Meter pro Tag. Man kann schon fast mit bloßem Auge sehen, wie sie sich bewegen.

Gletscher haben noch viel mehr spannende Eigenschaften, die du eines Tages hoffentlich herausfinden wirst. Die Natur hält jede Menge wundervoller Dinge und Ideen für uns bereit, deshalb ist es gut, neugierig zu sein und alles ganz genau wissen zu wollen. Ich wünsche dir viel Glück für deine Zukunft!

Astrid

Finnland

Einen Kontakt in Finnland zu finden dauerte länger, als wir gedacht hatten – schließlich gab uns jemand die Adresse von Katriinas und Graces Mutter. In ihrem Brief erzählt Grace Toby, dass die Schule in Finnland immer schon Freitagmittag zu Ende ist und dass sie Schule deswegen mag ... Die Musik von Sibelius, einem finnischen Komponisten aus dem 19. Jahrhundert, findet sie dagegen nicht so toll – Toby hatte im Internet ein Denkmal von Sibelius gefunden und Grace nach ihm gefragt, weil er gern klassische Musik hört.

Dear Toby,

I am fine, how are you? I don't like Sibelius music. We don't have a Finnish music day at school. Yes, I like school in Finland because on Friday I come home at 12. My favorite subject is reading time. My favorite book is "my naughty little sister" and "the Indian in the cupboard."

From,

Grace

Das ist der Brief, den Toby von Grace bekommen hat ...

... und das ist die süße Zeichnung, die die beiden Schwestern Grace und Katriina dazugelegt haben. Toby hat sich sehr gefreut, dass er mit auf dem Bild ist.

Frankreich

Genau wie bei Dänemark mussten wir uns auch hier zwischen ziemlich vielen Briefen entscheiden. Toby hat gerade angefangen, Französisch zu lernen, also wird es wahrscheinlich nicht mehr lange dauern, bis in seinen Brieftexten die ersten Brocken in Originalsprache auftauchen.

Brief an Nathalie

Liebe Nathalie,

wie geht es dir? Warum heißt Pont Neuf in Toulouse »Neue Brücke«, obwohl sie fünfhundert Jahre alt ist? Was sind die beiden Gebäude auf dem Stadtwappen? Warst du schon einmal in der Cité de l'espace? Warum nennt man Toulouse die rosarote Stadt?

Tschüss

Toby

Antwort von Nathalie

Hallo Toby,

ich freue mich sehr, dass du mir geschrieben hast.

Es tut mir leid, dass meine Antwort ein bisschen länger gedauert hat, aber ich lebe 30 Kilometer von Toulouse entfernt und musste erst einen Weg finden, die Postkarten zu sammeln.

Ich habe zwei Kinder: ein 18-jähriges Mädchen und einen zwölfjährigen Jungen. Wir haben zwei Katzen und leben auf dem Land.

Ich werde versuchen, deine Fragen über Toulouse zu beantworten. Der Name »ville rose« bedeutet, dass die Häuser aus gebrannten oder luftgetrockneten Ziegeln bestehen. Wenn man von einem Flugzeug herunterschaut, ist die Altstadt pink. In der Umgebung wurden noch andere Städte so gebaut, zum Beispiel Albi, das zum Weltkulturerbe der UNESCO gehört.

Ich war in der Cité de l'espace, aber vor langer Zeit, gleich nach der Eröffnung. Daran denke ich gern zurück, denn ich habe mir ein Sojus-Raumschiff und eine Ariane-Rakete angeschaut. Außerdem gibt es ein

Planetarium und noch viele andere Dinge zu sehen. Stell dir einen Erlebnispark vor, aber mit einem speziellen Thema.

Mehr Informationen darüber kannst du im Internet finden.

Le Pont Neuf ist keine neue Brücke, sondern ausgerechnet die älteste. Sie wurde 1632 von König Louis XIV. eingeweiht, den man auch den Sonnenkönig nennt. (Er lebte in Versailles.) In der Zeit wurden auch andere Brücken gebaut, aber von Fluten weggerissen. Damals war die Garonne ein sehr gefährlicher Fluss. Die Menschen in Toulouse haben die Bezeichnung »Pont Neuf« aus Gewohnheit behalten, auch wenn sie nicht mehr stimmt. Das ist seltsam, oder? Man hat den Namen von Generation zu Generation weitergegeben.

Auf dem Stadtwappen sind zwei Gebäude. Eines davon

Die Pont Neuf in Toulouse ist gar nicht neu, sie ist die älteste der Stadt.

wurde zerstört: das Schloss namens Château Narbonnais. Im 12. Jahrhundert wohnten dort die Grafen von Toulouse. Es wurde auf der alten römischen Stadtmauer gebaut und war nicht nur ein ehrwürdiger Fürstensitz, sondern auch eine starke Festung, um die Stadt zu beschützen. Von dort aus hatte man einen perfekten Blick auf den Fluss Garonne und die Menschen, die am Stadttor ankamen. Im 17. Jahrhundert wurde es abgerissen. Das Schloss, also die Grundmauern, sind jetzt drei Meter unter dem Boden.

Archäologen haben sie gefunden, als in Toulouse neu gebaut wurde. An der Stelle steht heute das Gericht, aber im Inneren kann man die Grundmauern des Château Narbonnais sehen. Das zweite Gebäude ist die Basilika des heiligen Sernin. Man sieht es rechts auf dem Wappen. Die Kirche ist eines der berühmtesten Gebäude in der Stadt. Darin werden die Knochen von St. Saturnin als Reliquien aufbewahrt. Er war der erste Bischof von Toulouse und starb 250 n. Chr. den Märtyrertod. St. Sernin ist die größte romanische Kirche, die es noch in Europa gibt. Ihre Baumaße sind: 115 Meter lang und 64 Meter breit. Sie wurde zur Hälfte aus Stein und zur Hälfte aus Lehmziegeln gebaut. (Das erste Material war teuer, deshalb hat man lieber Ziegel genommen.)

Toulouse ist auch für eine Pflanze bekannt, nämlich das Veilchen. Daraus machen wir Sträuße, Parfums und Süßigkeiten.

Toby, ich hoffe, du konntest mich verstehen, denn mein Englisch braucht Übung! Ich wünsche dir, dass du eines Tages durch Länder reisen kannst, aus denen du die Briefe bekommen hast. Das wird fantastisch.

Aber hier und jetzt ist es wundervoll genug, was du tust. Du begegnest der Welt *a priori*, ohne Vorbehalt.

Mach damit weiter und du wirst jeden Tag reicher werden.

Viele Grüße

Nathalie

Großbritannien

Während ich diesen Text schreibe, hat Toby bereits 23 Briefe innerhalb von Großbritannien verschickt. Wie sollen wir davon bloß einen auswählen? Oft hat er sich Leute mit speziellen Berufen ausgesucht – Archäologen, Katastrophenretter, Entwicklungshelfer oder Autoren –, und einige davon haben uns sogar an Studien teilhaben lassen, die noch gar nicht veröffentlicht sind. Diese Texte können wir also nicht abdrucken! Stattdessen haben wir uns schließlich für zwei Briefe entschieden. Der erste ist von Andrew, einem Archäologen aus Nordirland. Sein Vorschlag, wie man eine Ausgrabungskelle am besten mit einem Namen versieht, kam gerade am richtigen Tag, als wir Toby seine Urlaubsausrüstung für die Fossiliensuche kauften. Der zweite ist von Chrystal, weil ihr Briefwechsel mit Toby auf der Facebook-Seite eine wundervolle Reaktion ausgelöst hat. Plötzlich meldeten sich Leute aus der ganzen Welt, um Skulpturenpfade miteinander zu teilen – und Toby will jeden Einzelnen entlangwandern.

Brief an Andrew

Lieber Andrew,

wie geht es dir? Was war dein bester archäologischer Fund überhaupt? Und der beste von Dunluce Castle? Hast du auch in anderen Ländern als Archäologe gearbeitet? Wie viele Leute gibt es bei einer Grabung? Wenn ich eine echte Archäologen-Kelle bekomme, welchen Namen soll ich ihr geben?
Tschüss

Toby

Antwort von Andrew

Lieber Toby,

ich habe mich sehr über deinen Brief gefreut, und mir geht es gut, danke.

»Was war dein bester Fund?« ist für einen Archäologen eine schwierige Frage! Allerdings ist mir eine Entdeckung besonders im Gedächtnis geblieben. Ich habe ein sogenanntes »Hockergrab« aus der Bronzezeit gefunden. Es war sehr aufregend, in die Grabkiste aus Steinplatten zu schauen und dort die Überreste eines Menschen zusammen mit einer Keramikschüssel zu entdecken, die seine Familie ihm mitgegeben hat. Ich war seit mindestens 4000 Jahren der Erste, der diesen Fund sah und anfassen konnte.

Ich glaube, aus Dunluce ist mein Lieblingsstück ein Metallobjekt, das wir das »Kaufmannssiegel« nennen. Auf einer Seite ist ein Bild eingeprägt, das früher benutzt wurde, um wichtige Dokumente mit Wachs zu versiegeln. Dieser Fund ist ungefähr 400 Jahre alt. Vielleicht könntest du auch ein Siegel für deine Briefe verwenden?

Die nordirische Burgruine von Dunluce. Hier würde Toby gern beim Ausgraben helfen.

Ich war noch nie an einer Ausgrabung außerhalb von Irland beteiligt. Aber wenn ich im Urlaub bin, schleppe ich meine arme Frau oft zu allen möglichen archäologischen Stätten, weil mir das solchen Spaß macht. Der Beruf lässt einen nie ganz los, allerdings kann es ziemlich schwierig sein, eine Spitzkelle durch die Sicherheitsschleusen am Flughafen zu bekommen.

Ausgrabungsstellen können sehr klein sein – mit nur einem einzigen Archäologen – oder auch so groß, dass Dutzende von Forschern gleichzeitig daran arbeiten. Hier in der Burgruine von Dunluce sind meistens ca. zehn Leute an der Grabung beteiligt, aber für die Zukunft planen wir ein paar größere Projekte und hoffen, dass dann auch Freiwillige aus der Bevölkerung mithelfen. Wenn du die Augen offen hältst, landest du in ein paar Jahren also vielleicht als Archäologenhelfer in Dunluce!

Ich drücke dir die Daumen, dass du eines Tages deine eigene Kelle bekommst. Ihr einen Namen zu geben ist eine wichtige und sehr persönliche Angelegenheit – also musst du deine Wahl schon selbst treffen. Vielleicht kannst du dich davon inspirieren lassen, wie Schwerter bei den Wikingern getauft wurden? Falls du Archäologie selbst ausprobieren willst, gibt es in deiner Nähe bestimmt eine Ortsgruppe des *Young Archaeologists' Club*. Dort könntest du einmal vorbeischauen.

Ich habe mich gefreut, von dir zu hören, und wünsche dir weiterhin viel Glück beim Briefeschreiben.

Alles Gute, Andrew

(Archäologe des Forschungsprojekts Dunluce; Ministerium für Regionalverwaltung und Umwelt: Historische Abteilung Nordirland)

43

Brief an Chrystal

Hallo Chrystal,
wie geht es dir? Hast du die Statuen vom Wallace & Gromit-Hund gesehen, als sie in Bristol standen? Letztes Jahr gab es in London bemalte »Bücherbänke«, und wir haben alle 50 gefunden. Welchen Beruf hast du? Bist du schon einmal über die Clifton-Brücke gefahren? Willst du diesen Sommer zum Fesselballontreffen?
Tschüss

Toby

Antwort von Chrystal

Hallo Toby,
liebe Grüße aus Bristol!!

Vielen Dank für deinen Brief. Ich fühle mich sehr geehrt, dass du mir geschrieben hast, denn ich bin schon lange ein großer Fan von deiner Aktion.

Entschuldige, dass du mehrere Wochen auf meine Antwort warten musstest. Ich habe drei Kinder und bin erst jetzt zum Schreiben gekommen, weil die Sommerferien angefangen haben.

Um deine Fragen zu beantworten: Ja, ich habe einen Beruf, und zwar arbeite ich in der Grundschule meiner Kinder. Dort mache ich gerade eine Ausbildung zur Pädagogischen Assistentin. Ich arbeite vor allem mit Schülern, die besondere Hilfe beim Unterricht brauchen. Das ist nicht leicht, aber macht Spaß. Da ich noch in der Ausbildung bin, gehe ich jeden Freitag ins College, wo man mir beibringt, wie ich in meinem Job noch besser werden kann. Nebenbei arbeite ich für einen Finanzberater und vor allem stelle ich Kunsthandwerk her. Ich verwandele alte Bücher, die sonst nicht überleben würden, für meine Kunden in kleine Kunstwerke. Man nennt diese Technik *Book Folding*. Das macht mir viel Freude, und die Bücher werden wenigstens nicht weggeworfen, sondern recycled.

Über die große Kettenbrücke von Clifton bin ich schon gefahren und auch zu Fuß gegangen. Der Blick von der Mitte ist atemberaubend, aber an einem windigen Tag kann es auch ziemlich beängstigend sein! Ganz in der Nähe der Brücke gibt es einen Berghang, den die Leute als Rutsche benutzen. Über einen bestimmten Felsen wurde im Laufe der Jahre so oft gerutscht, dass er nun glatt wie Glas ist!

Die Ballonfiesta in Bristol ist die größte in Europa. Hier fliegen sogar Hunde- und Käseballons durch die Luft.

Die Fiesta der Fesselballons ist immer toll, besonders das Abendglühen. Bei Sonnenuntergang, wenn es dunkel wird, sind überall Ballons am Boden verankert und ihre Hüllen werden mit heißer Luft gefüllt. Dann beginnt

Musik zu spielen und im Rhythmus dazu werden die Gasflammen entzündet. Das sieht aus, als würden sie tanzen! Die Ballonfiesta findet meistens am Wochenende direkt vor meinem Geburtstag statt. Dieses Jahr bin ich allerdings nicht sicher, ob wir Zeit dafür haben, denn in den Sommerferien gibt es ziemlich viel zu tun. Aber zumindest werden wir die Ballons das ganze Wochenende lang über unser Haus treiben sehen!

Als die Gromit-Statuen in Bristol auftauchten, hatten wir einen Riesenspaß dabei, sie alle aufzuspüren! Zwei Jahre vorher gab es schon einmal eine ähnliche Kunstaktion mit Gorillas. Die Statuen wurden versteigert, um Geld für den Zoo zu sammeln. Die Einnahmen der Gromits gingen an unser Kinderkrankenhaus. Und dieses Jahr gibt es Shaun das Schaf! Bisher haben wir erst vier Stück gefunden, aber eine der Figuren ist jetzt schon mein Favorit. Sie heißt »Sommerflieder« und ist mit gemalten Blumen und Schmetterlingen bedeckt! Das sieht wunderschön aus! In London gab es auch schon so eine Skulpturenparade mit Shauns, aber in Bristol sollen es mehr Figuren werden. Ich habe übrigens die Bücherbänke gegoogelt. Das Projekt hört sich toll an!

Vielen Dank, dass du dir die Zeit genommen hast, mir zu schreiben. Ich finde, was du tust, ist ganz erstaunlich.

Alles Liebe
Chrystal ♥

Island

Jeder einzelne Brief, den Toby aus Island bekommen hat,
war großartig. Im Dezember 2014 hatten wir Gelegenheit,
über die Weihnachtstage kurz dorthin zu reisen, sodass Toby
endlich die Polarlichter sehen konnte, nach denen er
schon so oft gefragt hatte!

Brief an Iggy

Lieber Iggy,

wie geht es dir? Warst du in der Hallgrímur Kirche und beim *Sun Voyager?*
Hast du schon einmal Nordlichter gesehen?

Tschüss

Toby

Hier sind die Bilder von unserem Weihnachtsurlaub 2014. Toby hat viel gesehen und gelernt — mit Polarlichtern pünktlich zum Heiligabend!

Antwort von Iggy

Lieber Toby,

die Antwort lautet dreimal Ja! Ich habe das alles schon gesehen, und zwar regelmäßig.

Die Hallgrímur Kirche spielt in meinem Leben eine wichtige Rolle. Sie gehört zu meiner Gemeinde. Ich singe dort seit 16 Jahren im Chor, wo ich auch meine Frau kennengelernt habe! Wir wurden in der Hallgrímur Kirche getraut und unsere Kinder sind dort getauft und konfirmiert worden. Die Kirche hat eine riesige Orgel, und die Glocken im Turm können von drinnen mit einem Keyboard gespielt werden.

Die Skulptur *Sun Voyager* steht nur zwei Minuten von meinem Haus entfernt (genau wie die Kirche), und ich mag sie sehr! Wenn ich joggen gehe, komme ich am Anfang meiner Runde immer daran vorbei. Sie ist bei den Touristen beliebt und wahrscheinlich eines der am meisten fotografierten Motive in ganz Reykjavik.

Die Sun Voyager in Reykjavik ist ein Wikingerschiff.

Die Hallgrímur Kirche und Polarlichter auf einem Bild. Cool!

Die Nordlichter sind ein unglaubliches Naturschauspiel! Am Himmel sind sie die ganze Zeit in Bewegung und ändern ihre Farben. Ich habe sie ein paar Mal von meinem Garten aus gesehen, aber am besten fährt man tief in die Wildnis, wo es nirgendwo elektrisches Licht gibt. Dort kann man auch Milliarden von Sternen viel klarer sehen!

Alles Gute und viel Glück mit deinem Briefprojekt

Iggy

Schwimmen in der Blauen Lagune
auf Island — mittlerweile kann
Toby das auch ohne Schwimmflügel!

Malta

Aus Malta hat Toby eine umwerfende Resonanz bekommen. Als seine Idee sich im Internet verbreitete, hat sich eine riesige Anzahl Malteser gemeldet. Wir haben sogar schon gescherzt, dass Toby sich auf der Insel an eine beliebige Straßenecke stellen könnte und sofort erkannt werden würde. Das stimmt vermutlich nicht, aber jedenfalls waren die Briefe aus Malta alle etwas Besonderes. Durch die Antwort von Francesca hat Toby gelernt, wie horrend schwierig die einheimische Sprache ist!

Brief an Francesca

Liebe Francesca,

wie geht es dir? Schwimmst du manchmal im Meer? Warum ist Maltesisch so schwer zu lernen? Kannst du uns einen Satz auf Maltesisch schreiben? Welches Urlaubsland mochtest du am liebsten, und wohin willst du als Nächstes reisen? Tschüss

Toby

Antwort von Francesca

Lieber Toby,

danke, dass du mir schreibst. Ich war ganz aufgeregt, als ich deinen Brief im Postkasten entdeckte.

Weil die Insel Malta vom Mittelmeer umgeben ist und wir viele heiße Sommer haben, ist Schwimmen eines meiner liebsten Hobbys, um mich abzukühlen. Leider ist das Meer jetzt um diese Jahreszeit sehr kalt und wild, also konnte ich mein erstes Bad 2015 noch nicht nehmen.

Maltesisch ist eine ganz besondere Sprache. Der Grund ist, dass Malta im Laufe der Geschichte von vielen anderen Ländern beherrscht wurde, unter anderem den Arabern, den Römern, den Franzosen und den Briten. Jeder dieser Herrscher hat unsere Sprache auf seine Weise geprägt. Deshalb finden manche Menschen sie schwer zu lernen, denn sie ist ein großer Mischmasch. Für uns Malteser ist das aber ein Vorteil, weil wir von allen möglichen Sprachen ein bisschen verstehen.

Wenn ich sagen will: »Mein Name ist Francesca«, dann würde das auf Maltesisch heißen: »*Jiena jisimi Francesca.*« Oder du kannst sagen: »*Jiena jisimi Toby u nieħu gost nikteb ittri lik nies madwar iddinja.«* Der Buchstabe *ħ* klingt wie ein normales h, und der Satz bedeutet: »Mein Name ist Toby und ich mag es, Briefe an Menschen auf der ganzen Welt zu schreiben.«

Über deine Frage, welches Urlaubsland ich am liebsten mochte, musste ich länger nachdenken, denn jedes Land ist auf seine Weise einzigartig und besonders. Deshalb fällt es mir immer schwer, mich für nur eines zu entscheiden. Bisher würde ich sagen, meine drei Lieblingsplätze waren San Francisco in Nordamerika, Rom und St. Petersburg in Europa und Abu Dhabi im Mittleren Osten.

Ende März reise ich nach Chiang Mai in Thailand. Ich freue mich schon sehr darauf und bin besonders aufgeregt, weil sich nicht weit von meinem Hotel ein Elefantenreservat befindet.

Tschüss

Francesca

Norwegen
(Spitzbergen)

Ein Brief aus Spitzbergen repräsentiert vielleicht nicht
das »typische« Norwegen, aber Toby war fasziniert zu lesen,
dass viele Kinder dort Eisbären gesehen haben, jede Familie
einen Motorschlitten besitzt und überall Fossilien zu finden sind.
Die Schulklasse hat uns ein zartes versteinertes Blatt geschickt,
das wunderschön aussieht!

Brief an die Schule Longyearbyen

Hallo an euch alle,

wie geht es euch? Habt ihr Schlittenhunde? Gibt es bei euch Eisbären? Habt ihr schon mal Fossilien gefunden? Wie ist eure Schule? Was gibt es in Spitzbergen zu essen?

Tschüss

Toby

Antwort von den Kindern der Schule Longyearbyen

Hallo Toby,

danke für deinen Brief. Darüber haben wir uns sehr gefreut. Wie geht es dir?

Wir sind die zweite Klasse der Schule Longyearbyen und haben 22 Schüler: elf Mädchen und elf Jungen. Der Unterricht beginnt um 8:15 Uhr und endet um 12:15 Uhr, aber hinterher bleiben einige von uns noch im Hort.

Keiner von uns hat einen Husky, aber fünf haben Hunde und acht sind auch schon einmal mit einem Hundeschlitten gefahren.

In Spitzbergen gibt es viele Eisbären. Die meisten von uns haben schon einen gesehen, oder zumindest die Fußspuren. Philip konnte einmal einen Eisbären direkt vor dem Holzhaus seiner Familie beobachten. Eisbären gehören zu den gefährlichsten Tieren der Welt, aber normalerweise kommen sie nicht in den Ort. Sie essen Seelöwen.

Wenn wir weiter rausgehen, müssen wir immer ein Gewehr und eine Signalpistole mitnehmen.

In unserer Klasse hat jede Familie einen eigenen Motorschlitten.

In Spitzbergen leben 2500 Menschen, davon ungefähr 2000 hier im Ort. Es gibt nur eine Schule, und dort werden 270 Kinder unterrichtet.

Fast alle in unserer Klasse haben schon einmal Fossilien gefunden. Die Berge hier sind voll mit Kohle und Versteinerungen. Ingvild hat ein Fossil gefunden, das wir dir schenken möchten.

Wir bringen unser eigenes Frühstück zur Schule mit, dazu bekommen wir Früchte. Im Hort gibt es außerdem dreimal pro Woche ein warmes Mittagessen. Wir haben eine Liste geschrieben, welches Essen wir am liebsten mögen: Knäckebrot mit Käse, Koch- oder Räucherschinken, Kaviar aus der Tube, Leberwurst, Nutella, Nudelsalat, Spaghetti, Lasagne, Pizza, Tacos, Pfannkuchen, Haferbrei, Steak, Burger, Frikadellen, Fischklöße, Hühnchen.

Alles Gute und viele Grüße aus der nördlichsten Stadt der Welt!

Für Hundeschlitten interessiert sich Toby besonders. Klar, dass ihm diese Postkarte von der Schulklasse gefallen hat.

SANDER ELiSE Jørund Aurora

Agnes WILLIAM Ida

Mia Susanne severin

ADRian L. Adelia Knut

Erlend Alva

ADRIAN.J Amadeus

Philip MiCHAeL

Tara Ingvild

Rey Nikolai

So viele Namen — alle 22 Schüler haben den Brief
ihrer Klasse an Toby unterschrieben.

Österreich

Eigentlich haben wir es nur Stefan und Katja zu verdanken,
dass zu dem Briefprojekt bald auch jede Menge Kochen
und Backen gehörte. Sie haben uns ein typisch österreichisches
Rezept für Sachertorte geschickt, und wie man so sagt:
Der Rest ist Geschichte!
Seitdem hat Toby oft nach Rezepten gefragt, und inzwischen
lässt sich kaum noch zählen, wie viele Gerichte aus
der ganzen Welt wir probieren durften!

Brief an Stefan und Katja

Hallo Stefan und Katja,
wie geht es euch? Wir haben uns Bilder von Graz angeschaut.
Das Kunsthaus sieht sehr lustig aus!
Tschüss
Toby

Antwort von Stefan und Katja

Lieber Toby,
entschuldige, dass wir so spät antworten, aber wir waren drei Wochen in England und sind erst am 29. Juli zurückgekommen. Uns geht es gut, danke. Und dir? Hier in Österreich haben wir im Moment Sommertemperaturen von 39 Grad.
Wir schicken dir ein Rezept für eine traditionelle Süßspeise, die sich »Sachertorte« nennt.

Rezept für Sachertorte

Kuchenteig:
130 g halbdunkle Blockschokolade
130 g weiche Butter
40 g Puderzucker
5 g Vanillezucker
eine Prise Salz
6 Eigelb

6 Eiweiß
180 g Zucker
130 g Mehl

Glasur:
400 g Aprikosenmarmelade
Schokoladenglasur (Fertigprodukt)

Zubereitung

Für eine Sachertorte den Backofen auf 190 Grad vorheizen. Die Blockschokolade in einem Wasserbad schmelzen und gleichzeitig vorsichtig rühren. Hinterher abkühlen lassen. Die Butter mit dem Puderzucker, Vanillezucker und Salz aufschlagen, bis sie schaumig ist. Dabei einzeln die Eigelbe hinzufügen. Das Eiweiß mit dem Zucker aufschlagen, bis es zu einem festen Eischnee geworden ist. Das Mehl sieben, damit es keine Klumpen gibt. Dann abwechselnd den Eischnee und das Mehl vorsichtig in die Schokoladenmasse einarbeiten. Eine Kuchenform buttern und mit Mehl bestäuben. Den Teig hineinfüllen, in den Ofen schieben und ca. eine Stunde backen lassen. Zucker auf ein Backpapier streuen, den Kuchen aus der Form darauf stürzen und abkühlen lassen.

Den Kuchen waagerecht in zwei Hälften schneiden und die halbe Marmelade darauf streichen, dann alles wieder zusammenfügen. Die restliche Marmelade kurz erhitzen und dünn über die Oberfläche des Kuchens verteilen. Am Ende die Schokoladenglasur erwärmen (je nach Angabe auf der Verpackung) und den Kuchen damit überziehen.

Tipp

Am besten lässt man den Kuchen über Nacht im Kühlschrank stehen und isst ihn erst am nächsten Tag. Traditionell wird Sachertorte mit Schlagsahne serviert.

61

Cristina

Cristinas Brief war Tobys erster Brief nach Portugal.

Diese Postkarte stammt von der portugiesischen Kinderbuchautorin Alice Vieira.

LISBOA

Portugal

Toby hat bis jetzt fünf Briefe nach Portugal geschrieben.
Und er hat auch schon einige Antworten bekommen, darunter
eine von einer portugiesischen Kinderbuchautorin.
Durch seine Briefe hat er mehrere Orte in dem südeuropäischen
Land »kennengelernt«, unter anderem die Hauptstadt Lissabon
und Porto, eine der ältesten europäischen Städte überhaupt.

this is my fameay

this is my hous

this is the net

Lauren und Lucas aus Porto haben Fotos von ihrem Zuhause geschickt. Und sie sind sogar zu der Skulptur gegangen, nach der Toby gefragt hat. Die Skulptur besteht aus einem Netz und bewegt sich im Wind. Daher heißt sie: She Moves.

Serbien

Vor der Briefaktion kannten wir Tatjana nicht, aber jetzt
sind wir per Internet regelmäßig in Kontakt. Sie hat ein
Kinderbuch übersetzt und uns geschickt. Als Tobys Projekt
sich lawinenartig in den Medien verbreitete, kam sie in Serbien
sogar ins Radio und hat uns einen Link gemailt.
Die Sendung war eine seltene Gelegenheit, von einem
unserer Briefkontakte auch die Stimme zu hören!

Brief an Tatjana

Liebe Tatjana,

wie geht es dir? Warst du in eurer Festung und weißt, warum es dort Panzer gibt? Bist du in der Donau geschwommen?

Tschüss

Toby

Tatjana hat uns mehrere Postkarten geschickt. Diese zeigt die Festung Kalemegdan in Belgrad.

Postkarten von Tatjana

Hallo Toby!

Ich freue mich, an deinem Projekt »*Writing to the World*« teilzunehmen. ☺
Unsere Erde ist so ein interessanter Ort mit vielen tollen Plätzen und
Menschen!

Beograd (Belgrad) ist die Hauptstadt und auch die größte Stadt von
Serbien. Sie liegt am Zusammenfluss von Sava und Donau (hier heißt
der Fluss Dunav). Dort schwimme ich nicht, aber bade gern im Stadtsee
namens Ada Cioganlija.

Ich hoffe, du und deine Mutter kommen in Zukunft einmal zu Besuch.

☺ Tatjana

Unsere Festung Kalemegdan ist sehr alt. Sie wurde zuerst von einem
keltischen Volksstamm und dann den Römern gebaut. Jahrhunderte vor
Christus kannte man sie unter dem Namen Singidunum.

Die Festung wird gebildet aus der alten Zitadelle und dem schönen
Kalemegdan Park. Du hast Panzer gesehen, weil es dort ein Militärmu-
seum gibt, außerdem ein Museum für Wald und Jagd und den Zoo von
Belgrad.

Grüße aus Belgrad in Serbien!
Ich hoffe, du bekommst noch viele Postkarten aus der ganzen Welt!!!

Schweden

Durch Annali haben wir das erste Mal von der »Europäischen Kulturhauptstadt« gehört, denn Toby schrieb seinen Brief 2013, kurz bevor Umeå für das Jahr 2014 diesen Titel trug. Wir haben uns die anderen Kulturhauptstädte Europas angeschaut und festgestellt, dass die Reihenfolge schon sehr lange vorher entschieden wird. Durch seinen Brief an Annali wurde Toby außerdem zum ersten Mal klar, dass es Urvölker auch in Europa gibt, nicht nur die Indianer in den USA und Kanada. Wir hatten eine wunderbare Zeit, während wir die samische Kultur und Sprache näher kennenlernten.

Brief an Annali

Liebe Annali,
wie geht es dir? Hast du schon oft die Nordlichter gesehen? Kennst du jemanden vom Samenvolk? Wieso ist Umeå zur Europäischen Kulturhauptstadt gewählt worden?
Tschüss

Toby

Antwort von Annali

Hej Toby!
Mir geht es gut und dir hoffentlich auch!

Hier im schwedischen Umeå wird es jetzt jeden Tag dunkler und kälter. Heute ist die Sonne schon um 14:20 Uhr untergegangen! Ich sehe ziemlich häufig Polarlichter, aber am liebsten würde ich sie jede Nacht erleben. Wenn in wolkenloser Dunkelheit die farbigen Lichter über den Himmel tanzen, ist das ein wirklich magisches, atemberaubendes Erlebnis.

Ich kenne ein paar Leute mit samischen Wurzeln. Sie haben eine reiche Kultur und sind, soweit ich weiß, die einzige Volksgruppe, die sich echte Rentiere hält! Ziemlich cool! Die Europäische Kulturhauptstadt soll bewirken, dass die Leute mehr über Nordschweden lernen, und Schweden insgesamt kann zeigen, wie einzigartig es ist. Geplant sind touristische Höhepunkte, viel Musik und Sportevents, die bestimmt Spaß machen!

Ich liebe die Ruhe des schwedischen Winters direkt vor Sonnenuntergang, wenn alles noch ein bisschen stiller wird und das Licht den Schnee zum Funkeln bringt. Die Postkarte kommt vielleicht etwas früh, aber dafür

Toby liebt diese Postkarte von Annali. Er will jetzt nach Schweden und sehen, wie die Sonne kurz nach dem Mittagessen untergeht.

wird sie auf jeden Fall rechtzeitig zu Weihnachten eintreffen! Der Text bedeutet: »Fröhliche Weihnachten und ein schönes neues Jahr! Genießt die Feiertage!«

Hör nie auf, deine Träume zu verfolgen, Toby, denn das ist ein besonderes und beneidenswertes Talent. Bewahre dir deine Leidenschaft und vor allem: Lebe laut & liebe fröhlich!

Hälsningar

Annali

Schweiz

Den Kontakt zu Angela haben wir über Facebook gefunden.
Sie ist eine Bekannte von Sabine – und hat einen ziemlich
ungewöhnlichen Beruf: Sie ist nämlich Perlendreherin
in der Schweiz. Ihr Brief war der erste, den Toby auf Deutsch
bekommen hat. Mittlerweile schreibt Toby viele seiner Briefe
in deutschsprachige Länder selbst auf Deutsch ... aber noch
braucht er dabei ein bisschen Hilfe.

Brief an Angela

Hallo Angela,

wie geht es dir? Kannst du mit einem Boot den Rheinfall runterfahren? Hast du schon mal die Kyburgiade besucht?

Tschüss

Toby

Antwort von Angela

Hallo Toby,

über deinen Brief habe ich mich sehr gefreut! Eine tolle Idee, so viele Kontakte zu pflegen.

Ich möchte dir etwas über Winterthur erzählen. Hier wohne ich seit 25 Jahren, mit meinem Mann Thomas und unseren Kindern Dominik (21) und Lea (18). Die Stadt ist sehr schön zum Wohnen; nicht zu groß (100 000 Einwohner), aber auch nicht so klein, dass man woandershin muss für Kino, Theater und Einkaufen. Die Innenstadt ist recht übersichtlich. Auf einem der Fotos, die ich dir mitschicke, siehst du das ganze Stadtzentrum. In der Mitte ist die Stadtkirche. Das ist aber nur ein Bruchteil der ganzen Stadt – rundherum sind Außenquartiere. Das waren früher eigenständige Bauerndörfer, die die Stadtherren versorgt haben – mit der Zeit sind sie ans Zentrum herangewachsen, und Winterthur wurde zu einer großen Stadt. Trotzdem ist es immer noch die größte Bauerngemeinde des Kantons, denn viele der Bauern sind nach wie vor in ihrem Beruf tätig. Jedes ehemalige Dorf hat auch noch immer seinen eigenen Kern und eigene Vereine und auch eigene Dorf-Feste. Wir nennen das »Dorfet«, und es ist eine Art Jahrmarkt. Das größte Stadtfest ist aber das Albani-Fest. Jedes Jahr Ende Juni feiert Winterthur drei Tage lang den Stadtheiligen St. Alban.

Winterthur ist eine lebendige Stadt, und auch im Stadtzentrum wohnen viele Menschen. Es gibt drei Brunnen in einer ruhigen Gasse; die sind von einem Künstler namens Donald Judd entworfen worden – und die Kinder lieben diese Brunnen im Sommer, denn man darf ganz offiziell darin baden!

Blick auf Winterthur

Aber auch ein Wochenmarkt findet in der gleichen Gasse statt, und die Musikfestwochen. Dann wird die ganze Innenstadt zur Festival-Bühne!

Das bringt mich zur Kyburgiade. Nein, das Kammermusikfestival habe ich noch nie besucht – vielleicht liegt es daran, dass ich moderne Musik lieber mag. ☺ Aber auf der Kyburg war ich schon! Es ist eine sehr eindrückliche Burg, und beim Rundgang durch die Folterkammer gruselten sich meine Kinder immer sehr – obwohl man heute weiß, dass die Geschichten über die schreckliche Eiserne Jungfrau nur Fantasie sind und das Gerät nie zum Einsatz kam. Darum steht es heute auch nicht mehr in der Folterkammer.

Als Kind habe ich ein Buch von Heiner Gross sehr geliebt, »Tumult auf der Kyburg« – es ist eine spannende Geschichte von einer Gruppe Kinder und spielt hier in der Gegend – eine frühe Fantasy-Geschichte ... Vielleicht gibt es das Buch übersetzt, und du kannst es einmal lesen.

Deine erste Frage betraf ja den Rheinfall. Nein, man kann nicht mit einem Boot den Rheinfall befahren, das wäre viel zu gefährlich! Aber man kann mit einem Boot von unten her zum Felsen in der Mitte fahren.

Es gibt einen steilen Fußweg auf den Felsen, und man hat eine schöne Sicht von oben. Das Foto habe ich am 75. Geburtstag meiner Schwiegermutter gemacht.

Es versuchen immer wieder waghalsige Leute, mit einem Kajak über den Rheinfall zu fahren oder hineinzuspringen und durchzuschwimmen. Das ist sehr gefährlich, und es gibt immer wieder Tote dabei! Das Becken, wo die Wassermassen hineinstürzen, ist voller Wirbel

Der Rheinfall ist wirklich toll anzusehen.

und tückischer Strömungen, außerdem trägt einen schaumiges, sprudelndes Wasser nicht so wie glattes Wasser, weil es viel mehr Luft enthält und es somit weniger Auftrieb gibt. Darum fahren die Ausflugsboote genau in die Mitte des Beckens, wo das Wasser ruhiger ist. Man merkt es auch, wenn man im Boot sitzt – je schaumiger das Wasser ist, desto mehr muss der Motor arbeiten, damit man noch vorwärtskommt. Aber es ist dennoch ein Erlebnis!

So, nun schließe ich meinen Brief; zum Schluss habe ich noch das Stadtwappen von Winterthur für dich herausgesucht: zwei rote Löwen auf weißem Grund. Es ist abgeleitet vom Wappen der Kyburger (gelb/schwarz) und zeigt, dass Winterthur und die Kyburg schon lange eine enge Verbindung haben.

Liebe Grüße aus der Schweiz – Angela

Tschechien

Die Bilder, die wir aus Tschechien ausgesucht haben, sind etwas ganz Besonderes. Normalerweise schreibt Toby grundsätzlich zuerst an seinen Briefkontakt und wartet dann auf Antwort. Aber eine Schulklasse aus Prag hatte Toby im Fernsehen gesehen. Die Schüler waren so begeistert von der Idee, Kindern in anderen Ländern Briefe zu schicken, dass sie ihre Briefe an den Fernsehsender richteten, der sie dann an Toby weiterleitete. Natürlich hat Toby dann zurückgeschrieben!

Die Jungen und Mädchen stammen aus ganz unterschiedlichen Ländern — und sprechen daher auch viele verschiedene Sprachen. Die Faszination für die Raumfahrt scheinen aber alle miteinander zu teilen.

Die Schüler haben uns eine selbst gemalte tschechische Flagge geschickt.

Zypern

Stanna ist eine ganz wunderbare Frau, die mit uns Kontakt
aufnahm, nachdem Tobys Aktion sich so explosionsartig im
Internet verbreitet hatte. Als Toby an sie und ihren Freund
Koullis schrieb, waren die beiden gerade kurz davor zu heiraten.
Sie schickten als Antwort ein kleines Paket mit Hochzeitsfotos
und ein Stück vom Hochzeitskuchen!

Brief an Stanna und Koullis

Hallo Stanna und Koullis,

wie geht es euch? Was macht eine Ingenieur-Archäologin? Kannst du die alte Stadt Salamis besuchen? Wird dort immer noch gegraben? Wie ist das Leben auf Zypern? Ich hoffe, ihr habt eine schöne Hochzeit. Der Autounfall tut mir sehr leid. Wie kannst du dich jetzt bewegen?

Tschüss

Toby

Antwort von Stanna

Lieber Toby & Familie,

vielen Dank für deinen Brief. Du schreibst sehr gut. Bestimmt bekommst du viel Übung durch die ganzen Briefe, die du verschickst. Dein Projekt ist so eine interessante Idee!

Ich erzähle dir am besten ein bisschen über mich selbst. Ursprünglich komme ich aus England, aber bin als Ingenieur-Archäologin schon überall in der Welt herumgereist und auf diese Weise vor 23 Jahren in Zypern hängen geblieben. Ich wohne in einem Dorf namens Liopetri, was übersetzt »kleine Steine« bedeutet.

Zurzeit bin ich mit den Hochzeitsvorbereitungen beschäftigt. Am Samstag ist es so weit, und ich heirate meinen besten Freund. Er stammt aus Zypern und kümmert sich sehr viel um mich. Darüber bin ich froh, weil ich letztes Jahr nach einem schlimmen Autounfall ein halbes Jahr im Krankenhaus war und dann noch ein halbes Jahr im Rollstuhl sitzen musste. Aber nach zwei Operationen, um die gebrochenen Knochen in Hals und

Rücken wiederherzustellen, konnte ich mit Wanderstöcken oder einem Stützkragen gehen.

Inzwischen versuche ich, jeden Tag ein bisschen Sport zu treiben. Schwimmen und Kajak fahren machen mir Spaß, und für beides eignet sich der *Potamos*. Das heißt *Fluss* auf Griechisch, der Heimatsprache der Zyprioten. Vielleicht kommt das Wort dir bekannt vor? Genau, ein Nilpferd nennt man in England »Hippopotamus«! Ursprünglich stammt der Ausdruck aus dem Griechischen. *Ippos* (Pferd) und *Potamus* (Fluss) ergeben zusammen Flusspferd. Ich finde ja, dass die Hippos eigentlich ein bisschen zu fett sind, um als Pferde durchzugehen. Was meinst du? Vielleicht sollte man noch das Wort *vasha* hinzufügen, denn das bedeutet dick!

In meinem Beruf wurde ich früher zu all den Orten gerufen, wo Leute auf archäologischen Stätten etwas bauen wollten. Weißt du, was Archäologie bedeutete? Das heißt, man studiert alte Dinge – manchmal liegen sie versteckt im Boden vergraben wie Knochen oder Steine, manchmal sind sie für alle sichtbar wie die Pyramiden, klassische Ruinen oder Höhlen. Die Arbeit ist sehr spannend. An meinem Beruf fand ich auch immer toll, dass ich die erste Person war, die ihn überhaupt erfunden hat! Inzwischen gibt es jede Menge Ingenieur-Archäologen. Die beiden Berufe zu kombinieren macht einfach viel mehr Spaß (damit meine ich vor allem die Ingenieure, nicht die Archäologen!).

Außerdem schreibe ich Bücher und Zeitschriftenartikel. Ich hoffe, deine Mama und dein Papa mögen das Buch, das ich ihnen geschickt habe. Darin steht alles über Wein auf Zypern.

Tut mir leid, dass mein Brief sich verzögert hat. Mein Halswirbel ist wieder gebrochen und übermorgen muss ich neu operiert werden, damit ich normal gehen und schreiben kann. Vor diesem Rückschlag hatte ich meine Hochzeit, und alles war bestens, also hoffe ich, dass es mir bald wieder genauso gut geht. ☺

Viele liebe Grüße

Stanna

Rezept aus Spanien:
Tortilla

Das Rezept für spanische Tortilla haben wir tatsächlich zweimal bekommen, einmal von Javier, Ines und Miguel und einmal von Lucía und Marina. Es hat uns so gut gefallen, weil wir damals eine Kartoffelpflanze im Garten hatten – und so konnten wir sogar unsere Kartoffeln selbst ernten. Seitdem haben wir Tortilla schon mehrfach zubereitet, mit verschiedenen Zusätzen (Schinken, Pilze, Tomaten), und es ist immer wieder sehr lecker.

Zutaten für zwei Personen

10 kleine Kartoffeln (Drillinge)
4 Eier
200 ml Olivenöl
Salz

Zubereitung

Die Kartoffeln halbieren. Ordentlich Olivenöl in eine Pfanne geben, die Kartoffeln hineingleiten lassen, sodass sie vom Öl knapp bedeckt sind, und etwa 15 Minuten garen. Die Eier miteinander verquirlen und salzen. Das Öl aus der Pfanne abgießen. Anschließend die Eiermasse über die Kartoffeln geben. Bei mittlerer Hitze stocken lassen. Mit Hilfe eines Tellers die Tortilla umdrehen und von der anderen Seite noch einige Minuten anbraten.

Rezept aus den Niederlanden:

Appelflappen

Appelflappen schmecken nicht nur super, sie klingen auch toll. Toby sagt das Wort gern, weil es so schön von der Zunge rollt. Die süßen Teile sind einfach und schnell gemacht. Deswegen liebt Toby sie wahrscheinlich auch so sehr. Bis jetzt haben wir drei Rezepte aus den Niederlanden bekommen, und jedes war so lecker, dass Toby sagt, er müsse unbedingt nach Holland ... aber nicht nur zum Essen!

Zutaten für 10 Stück

1 Packung Roomboter Bladerdeeg, das sind 10 Lagen Blätterteig à 20 x 20 cm
4 Äpfel, am besten Elstar, Jonagold oder Granny
150 g Rosinen, vorzugsweise Sultaninen, in warmes Wasser gelegt,
sodass sie etwas aufgehen
4 TL braunen Zucker
1 TL Zimt
1 verquirltes Ei

Zubereitung

Die einzelnen Scheiben Blätterteig voneinander lösen und etwa 10 Minuten auftauen lassen. Den Ofen auf 220 Grad aufheizen. Die Äpfel schälen und vierteln. Das Kerngehäuse rausschneiden und die Viertel in Scheiben schneiden. Die Äpfel mit den Rosinen (ohne Wasser), Zucker und Zimt mischen. Auf jede Scheibe Blätterteig etwas von dem Apfel-Rosinen-Mix legen. Mit einem Pinsel ein klein wenig Wasser auf die Ecken des Rechtecks streichen und den Blätterteig anschließend diagonal falten, sodass die Äpfel in der Mitte eines Dreiecks liegen. Die Ecken des Dreiecks vorsichtig mit einer Gabel zusammendrücken. Und die Oberfläche mit dem verquirlten Ei einstreichen. Die Teile für 15 Minuten in den Ofen geben. Und anschließend genießen!

NORD- UND MITTEL- AMERIKA

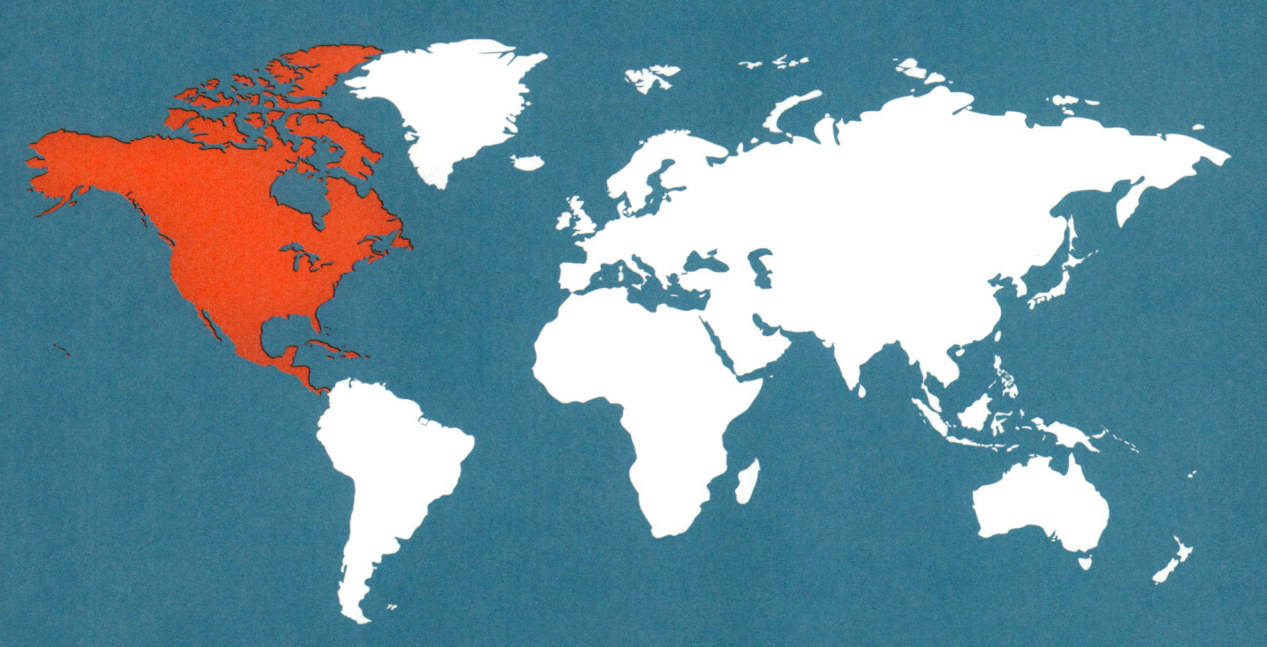

Bahamas

Als Toby an den Direktor der Schule St Andrew's auf den Bahamas schrieb, bekam er einen ganzen Packen Postkarten zurück, der von Dr. C persönlich sowie Lehrern und Schülern stammte. Das Päckchen war so eine Farbexplosion, dass wir fast das Gefühl hatten, die Karibik sei wahrhaftig zu uns nach Sheffield gekommen!

Brief an Dr. Canterford

Lieber Dr. Canterford,
wie geht es Ihnen? Warum hat die Katzeninsel diesen Namen?
Waren Sie schon einmal im Korallenriff vom Hotel Atlantis?
Oder in der Preacher's Cave? Wie ist es an Ihrer Schule?
Tschüss

Toby

Antwort von
Dr. Canterford und der Schule St Andrew's

Hallo Toby,

ich hoffe, du magst unsere ganzen Postkarten von den Bahamas. Ich bin jetzt seit zwei Jahren hier und mir gefällt es sehr. Falls du jemals die Gelegenheit hast, uns zu besuchen, führen wir dich gern in unserer Schule herum. Ich hoffe, du bekommst noch viele andere Karten aus der ganzen Welt.

Alles Gute

Dr. C (so werde ich von allen meinen Schülern genannt!!)

Hallo Toby,

mein Name ist Ms. Tilney, und ich bin eine Lehrerin der Schule St Andrew's in Nassau auf den Bahamas. Wir haben hier ein Schwimmbecken, eine Aula, mehrere Spielplätze und natürlich auch Klassenräume. Die Sonne scheint viel, aber es regnet auch oft. Das Meer ist wunderschön, und die Kinder in der Schule sind glücklich. Ich komme ursprünglich aus einer Stadt namens Norwich in England.

Deine

Ms. Tilney

Lieber Toby,

ich war noch nie im Wasserpark des Atlantis-Hotels, aber meine Kinder (Marlay, 4, und Charlotte, 1) und ich gehen jedes Wochenende bei uns an den Strand. Marley lernt gerade Schwimmen und ist ein begeisterter Schnorchler. Manchmal bekomme ich ihn fast gar nicht mehr aus dem Wasser. Charlotte liebt den Strand genauso, aber hat Angst vor Seetang!

Alles Liebe von den Bahamas

Rachael

✳

Lieber Toby,

mein Name ist Adam. Auf den Bahamas zu wohnen ist echt cool. Ich lebe total gern hier, aber es ist sehr heiß.

 Adam (Joby)

✳

Hallo Toby,

hier zu wohnen ist supercool, weil es keine richtig hohen Gebäude gibt.

 Viele Grüße

 Adam

✳

Hallo Toby,

ich komme von den Bahamas. Postkarten an die ganze Welt zu schicken, ist eine echt coole Idee! Mein Name ist Alexander. Du kannst mich aber Alex nennen.

 Dein Freund Alex

✳

Lieber Toby,

die Bahamas haben das sauberste Meer der Welt. Außerdem das tiefste *Blue Hole*. Es liegt im Riff von Long Island, Bahamas. Unsere Schule ist auch toll. Es gibt viele Kinder und nette Lehrer. Das Leben auf den Bahamas ist supertoll. Wir gehen jeden Sonntag an den Strand. Es stimmt, dass wir ein großes Ferienparadies namens Alandise haben. Das ist auch toll. Ich liebe die Bahamas!!

 Von Joshua

Dominica

Der Brief von Lisette war mit wunderschönen Briefmarken von Tieren bedeckt. Kaum hatte Toby gehört, dass es auf Dominica 365 Flüsse gibt, schlug er auch schon vor, dass man ein Jahr lang täglich einen davon besuchen könnte. – Aber dieses neue Projekt muss vielleicht noch ein bisschen warten …

Brief an Lisette

Hallo Lisette,
wie geht es dir? Hast du zugeschaut, als *Piraten der Karibik* gefilmt wurde?
Wie ist es, zwischen so vielen Vulkanen zu leben? Was ist dein Beruf?
Tschüss

Toby

Antwort von Lisette

Lieber Toby,
erst einmal muss ich mich bei dir entschuldigen. Ich hätte schon lange
auf deinen Brief antworten sollen. Aber ich war sehr beschäftigt, denn ich
habe hier auf Dominica ein Maklerbüro. Außerdem bin ich Künstlerin und
male unsere einheimischen Papageien, die Kaiseramazone und den Jaco.

Toby, in der Karibik haben sich früher alle Piraten gesammelt und auch
der berühmte Film *Piraten der Karibik* wurde hier gedreht. Wir wohnen auf
der Insel Dominica, die oft mit der Dominikanischen Republik verwechselt
wird. Unsere Insel besteht aus neun inaktiven Vulkanen und wird deshalb
auch Waitukubuli genannt. Das bedeutet »Hoch ragt ihre Gestalt«.

Dominica wird auch als das Kronjuwel unserer Inselwelt bezeichnet,
weil es hier so wunderschön ist und 365 Flüsse gibt! Das haben die British
West Indies sonst nicht zu bieten. Bei uns gibt es fantastische Wasserfälle
und viele Quellen, sodass wir unser eigenes Süßwasser haben. Dadurch ist
die Insel sehr üppig bewachsen, und man kann absolut alles anbauen. Es
gibt auch den *Boiling Lake*, der mit kochendem Schwefel aus der Vulkanerde

94

gefüllt ist. Wir haben wirklich Glück, denn überall sind heiße Quellen, in denen man wunderbar schwimmen oder einfach nur entspannen kann wie in einem Thermalbad!

Im letzten Jahrhundert hat Dominica viele Limetten für die Marke Rose's Lime Juice angebaut, die du vielleicht kennst. Lange Zeit – bis vor wenigen Jahren – haben wir auch Bananen geerntet und verkauft. Aber im Moment haben wir eine Pflanzenseuche namens Black Stickacoa (bin mir nicht sicher, wie man das buchstabiert; wir haben heute kein Internet!!).

Mein Ehemann Laurie und ich leben im Layou Valley nahe beim Fluss Layou. Er gehört zu den größten auf Dominica, und die Touristen – vor allem von den Kreuzfahrtschiffen – treiben ihn mit Reifen entlang oder gehen schwimmen. In der Reisezeit, die sechs Monate von November bis April dauert, legen hier viele Kreuzfahrer an. Der Grund, warum die Saison nur ein halbes Jahr dauert, ist die Hurricane-Zeit zwischen Juni und November! Gott sei Dank gibt es nicht jedes Jahr Wirbelstürme, aber es kann passieren, dass uns manchmal einer trifft. Die Jachten segeln in den Sommermonaten alle ins Mittelmeer, damit ihnen die Hurricanes der Karibik nicht gefährlich werden können.

Unser Haus steht mitten im Plantagenland; wir besitzen 1,5 Hektar und bauen viele Früchte an. Besonders liegen uns die Limetten am Herzen. Es ist toll, wenn man zum Frühstück selbst geerntete Bananen, Ananas, Papaya, Pampelmusen und Orangen essen kann. Wir haben ein kleines Farmhaus mit einer sehr großen Veranda. Eigentlich leben wir das ganze Jahr draußen auf dieser Holzterrasse, denn das ist viel schöner, und das Wetter ist wärmer als in England. Wir schwimmen auch sehr gern im Fluss, und es macht Spaß, sich darin die Haare zu waschen. Bis zum Layou sind es nur ein paar Hundert Meter. Wir haben das Glück, ohne Nachbarn zu leben, also ist es sehr friedlich und ruhig.

Dominica hat nur wenig Bevölkerung, ungefähr 66.000 Menschen. Außerdem gibt es die Karibenindianer, die schon immer auf der Insel gelebt haben. Sie wohnen alle zusammen auf einem Stück Land, das ihnen gehört, ungefähr wie die Reservate in den USA. Die Indianer flechten hübsche

Körbe und stellen anderes Kunsthandwerk her, das sie an die Touristen verkaufen. Sie sind auch sehr gute Fischer.

Am Anfang des Briefes habe ich dir erzählt, dass ich eine Künstlerin bin. Im Moment male ich Papageien und Kolibris. Wir kopieren die Bilder auf Untersetzer und Postkarten, die wir dann an Touristen und Einheimische verkaufen. Die Waldschutzbehörde hier achtet sehr genau auf die Papageien, denn sie wurden lange gejagt und getötet, sodass sie fast ausgestorben waren. Laurie und ich hatten viele Jahre einen Papagei, der diesen Juni gestorben ist. Ich war darüber sehr, sehr traurig, also habe ich angefangen, die Vögel zu malen, um mich über den Verlust hinwegzutrösten. So entstand die Idee, daraus ein Projekt für ganz Dominica zu machen. Auf diese Weise lebt Ernie in unseren Gedanken weiter, denn ich habe ihn oft als Modell benutzt und ihm die Farben der Kaiseramazone und des Jaco gegeben. Die Kaiseramazone, die man hier auch Sisserou nennt, ist größer als der Jaco. Ihre Federn sind grün und tiefblau mit einem Stich ins Violett. Der Jaco ist rot-grün. Vögel beider Arten besuchen uns zu bestimmten Jahreszeiten hier auf unserer Farm. Es ist lustig, ihnen zuzuschauen, und sie machen ziemlich viel Lärm. Auf der Insel gibt es mehr als genug Früchte und Nüsse, von denen sie leben können. Die Vögel in der Natur zu beobachten, ist ein fantastisches Erlebnis.

Entschuldige noch einmal, dass meine Antwort so spät kommt. Es wäre schön, in Kontakt zu bleiben.

Alles Gute

Lisette & Laurie

Lisette malt wunderschöne Bilder. Das hier hat sie Toby geschickt.

Kanada

Wir haben das Thema von Shauns Brief mit großer Begeisterung weiter verfolgt und uns mit den First Nations in Kanada beschäftigt. Shaun hat uns nicht nur zusammen mit seinen Schülern geantwortet, sondern später auch noch sehr viel Zeit investiert, um auf unserer Facebook-Seite mehr von seinem Leben und seiner Kultur zu erzählen. Außerdem hat er uns zwei Rezepte geschickt – eines für Trapperbrot und das andere für Elchgulasch. Das Brot haben wir fast sofort ausprobiert, aber an den Elch haben wir uns noch nicht herangewagt!

Brief an Shaun

Lieber Shaun,

wie geht es dir? Wie fühlt es sich an, wenn man zu zwei Kulturen gehört? Kannst du überleben, ohne einzukaufen? Was für Essen und Medizin findest du draußen auf der Jagd? Ist Häuptling Brian Ladue dein Dad?

Was für Filme möchtest du schreiben?

Tschüss

Toby

Antwort von Shaun

Dentae Toby:

Ich lebe abwechselnd in der großen Stadt Vancouver und in dem kleinen Dorf Ross River, das von Wäldern, Bergen, Flüssen und Seen umgeben ist. In Vancouver gibt es viele Menschen, aber wenig Bäume und wilde Tiere. Du hast nach Brian Ladue gefragt, der die Ratsversammlung der Ross River Dena leitet. Er ist mein Neffe, der älteste Sohn meiner einzigen Schwester. Ich bin sehr stolz auf ihn.

Bis zum 22. November gebe ich Schreib- und Kunstkurse hier an der regionalen Schule, dann kehre ich nach Vancouver zurück. Ich habe meinen Schülern von dir erzählt, und sie wollten dir auch schreiben, also schicke ich dir ihre Briefe mit. Sie sind auch sehr neugierig auf dich und wie du lebst. Seit Kurzem schreibe ich an meinem ersten Filmdrehbuch. Es wird eine Liebesgeschichte. Danach würde ich gern eine Science-Fiction-Story schreiben. Ich mag eigentlich alle Arten von Filmen.

Pass gut auf dich auf! Shaun

*

Lieber Toby,

mein Name ist Daniel. Ich wohne in Ross River. Hier zu leben ist toll. Wie ist es da, wo du lebst? Bestimmt gut, denn du hast bald Geburtstag. Dann wirst du sechs Jahre. Herzlichen Glückwunsch! Bei uns gibt es Wölfe. Die sind wie große Hunde. Aber sehr bissig. Und sie jagen in Rudeln. Wir haben hier nicht die gleichen Vögel wie ihr. Was gibt es bei euch? Unser Internet ist schnell. Ich spiele gern am Computer oder draußen. In der Schule gehe ich in die sechste Klasse. Im Winter jage ich Karibu mit einer .30-30 Winchester. Ich fahre auch ein Quad. Es ist sehr schnell. Wie ist es, in der Stadt zu leben? Ich schreibe dir ein Wort in Kaska, es bedeutet »Bis bald«: *nahganastanzi*.

D.

PS: Cooles Ding, ey!

*

Lieber Toby,

wie geht es dir? Mir geht es gut. Mein Name ist Michael. Ich bin zwölf Jahre alt und in der siebten Klasse. Herzlichen Glückwunsch zum Geburtstag, Toby. Ich wohne in Ross River im Yukon. Hier ist es kalt. Bald wird es schneien. Ross River ist eine sehr kleine Stadt. Oft geht meine ganze Familie raus und jagt Tiere wie Elche, Gänse und Schneehühner. In Ross River dürfen Kinder mit Motorschlitten und Quads fahren. Diesen Sommer wurde Ross River vom Fluss überschwemmt und die Häuser von manchen Leuten standen unter Wasser. Wir haben eine Schule, die Ross River School heißt. Sie ist klein. Wir sind 50 bis 100 Kinder in der Schule.

Hier kommt ein Kaska-Wort in meiner Sprache: *nahganastanzi*. Das heißt »Bis bald«.

Von Michael

99

＊

Lieber Toby,

wie geht es dir? Mir geht es gut. Mein Name ist Jared. Ich werde bald elf und bin in der sechsten Klasse. In Ross River ist es ein bisschen langweilig. Unsere Lehrerin heißt Ms. Etzel. Meine Oma und mein Opa sind berühmt. Ich wohne im Yukon. 2012 hat mich fast eine Elchkuh getötet. Ich will dir von Ross River erzählen – da gibt es nicht viel. Unsere Schule macht Spaß. Wir sind 44 Schüler, und manchmal kommen Wölfe ins Dorf. Sie töten immer Hunde. Du brauchst vor Wölfen keine Angst zu haben. Es ist leicht, sie zu erschrecken. Man nimmt ein großes Geweih, macht Licht, baut sich breit vor ihnen auf. Sie laufen weg. Das ist alles. So viel zu erzählen, ich hoffe, du kommst zu Besuch – dann zeige ich dir, wie man Wölfe erschreckt.

Von Jared

＊

Lieber Toby,

mein Name ist Danika, ich bin zwölf Jahre alt und in der siebten Klasse. Hier in Ross River macht es viel Spaß, es gibt 352 Bewohner und 44 Kinder in der Schule. Der Ort ist sehr klein, anders als in England. Bis zur nächsten Stadt braucht man fünf Stunden von Ross River nach Whitehorse. Ich bin gern draußen in der Wildnis. Dort gibt es viele Tiere. Alle möglichen Arten von Tieren wie Elche, Wölfe, Murmeltiere, Schneehühner, Marder, Luchse, Karibu und nur einen Laden in Ross River und nur eine Tankstelle.

Nahganastanzi
Danika

Ein Kanadischer Geburtstagsgruß für Toby

Hi Toby
How are you?
I'm good my
name is Tyson

Hi Toby: how are you? I'm good
my name is Sharilyn, I am 8 years old
I live in Ros river. I am in grade 3.

Happy Birthday Toby.

Auch die achtjährige Sharilyn gratuliert
zum Geburtstag.

Sharilyn

Grenada

Kate arbeitet mit Meeresschildkröten – wodurch sie in Tobys Augen sofort zu den coolsten Leuten überhaupt gehörte! Nachdem wir Grenada zusammen recherchiert haben, ist die Insel in Tobys Fantasie ganz klar zu dem Ort geworden, wo er eines Tages tauchen gehen will – erstens wegen der Schildkröten und zweitens, um sich den fantastischen Skulpturenpark unter Wasser anzuschauen.

Brief an Kate

Liebe Kate,

wie geht es dir? Hast du schon einmal eine echte Meeresschildkröte gesehen? Wie alt muss man sein, um sich als Freiwilliger zu melden? Was essen die Schildkröten? Was können die Kinder im Club machen? Hast du bei den Schildkröten eine Lieblingssorte? Wir wollen bei Facebook ein »Gefällt Mir« auf deine Seite setzen.

Tschüss

Toby

Antwort von Kate

Lieber Toby,

danke für deinen Brief. Ich fand es wirklich aufregend, Post von dir hier in meinem Briefkasten zu finden.

Ich bin Meeresbiologin und auf die Arbeit mit Schildkröten spezialisiert. Vor allem kümmere ich mich um die Lederschildkröten, die Suppenschildkröten und die Echten Karettschildkröten.

Lederschildkröten sind die größten der Welt, und es gibt sie schon seit über einer Million Jahren, also durchschwimmen sie unsere Ozeane seit der Zeit der Dinosaurier. Sie können größer werden als ein erwachsener Mann, mehr wiegen als ein Klavier, und sie essen jeden Tag ihr eigenes Körpergewicht an Quallen!

In diesem Jahr habe ich jede Menge Schildkröten gesehen. Mein Team hat über 1000 Sichtungen registriert und schon über 800 Nester gezählt. Das größte Exemplar hatte eine Panzerlänge von 171 Zentimetern. Ungefähr nach

65 Tagen schlüpft aus den Schildkröteneiern der Nachwuchs. Gerade jetzt sehen wir ganz viele Babyschildkröten über den Strand ins Meer krabbeln.

In unserer örtlichen Grundschule haben wir einen Umweltschutz-Club, in dem die Schüler jede Woche etwas über Schildkröten, Riffe, Meere, die Klimaveränderung und das Ökosystem lernen können. Morgen sprechen wir über Korallengärten und welche Lebewesen dort leben.

Ich mag die Suppenschildkröten am liebsten, weil sie so einen schönen Panzer haben und man im Wasser mit ihnen schnorcheln kann. Hast du auf deinen Reisen schon einmal eine echte Meeresschildkröte gesehen? Sie auf dem Strand oder im Wasser zu beobachten, ist ein unglaubliches Erlebnis.

Grenada nennt sich auch die Gewürzinsel, weil hier alles Mögliche angebaut wird, zum Beispiel Zimt, Muskat, Kakao, Zuckerrohr und Nelken. Wir stellen hier sogar unsere eigenen Schokoladentafeln her. Sie schmecken superlecker! Ich habe dir eine mitgeschickt, also guten Appetit! ☺

Viel Glück bei deinem Briefprojekt, und wir sehen uns dann auf Facebook.
Herzlichste Grüße
Kate
(Projektleiterin bei Ocean Spirits)

Kate hat wirklich Glück, in Grenada zu wohnen. Was für eine interessante Unterwasserwelt es dort gibt!

Guatemala

Trish gehörte zu den ersten Briefkontakten von Toby.
Als er ihr schrieb, ging er noch davon aus, dass jeder Vulkan eine
blubbernde, lebensgefährliche Lavaschleuder sei.
Er machte sich große Sorgen um ihre Sicherheit und war froh,
als ihr beruhigender Brief ankam.

Brief an Trish

Hallo Trish,

wie geht es dir? Bist du schon mit einem Schiff auf dem Atitlán-See gefahren? Hast du Angst, weil du so nah am Vulkan San Pedro lebst?

Adios

Toby

Antwort von Trish

Hallo Toby,

mir geht es sehr gut. Danke, dass ich bei deiner Aktion mitmachen darf. Mein Mann und ich fahren oft mit Fähren über den See. Wir nehmen gern das Schiff zu einem Ort namens Tzununa, wo es einen schönen Wasserfall gibt. Mach dir keine Sorgen um den Vulkan. Zum Glück gehört er nicht zu den aktiven.

   Trish

Diese Postkarte von Guatemala hat Toby zum Reisen inspiriert und sein Interesse an den Menschen geweckt, die in anderen Ländern wohnen.

USA

Melissa hat uns kontaktiert, nachdem Toby mit seiner Idee im Internet bekannt wurde. Sie arbeitet im Henry Ford Geschichtsmuseum in Michigan und las, dass Toby den Bus von Rosa Parks besonders interessant fand. Als Toby sie anschrieb, schickte sie eine wundervolle, ausführliche Antwort. Sie schlug vor, dass er zu Besuch kommen und sich das Museum selbst anschauen könnte – und fast 18 Monate später wollte es das Glück, dass wir tatsächlich die Gelegenheit bekamen! Dadurch ist Melissa bisher die einzige Person von Tobys Briefkontakten, die wir auch persönlich getroffen haben. Sie war so großzügig, uns fast einen ganzen Tag durch das weitläufige Freilichtmuseum zu führen, und wir können hiermit versichern, dass sie genauso nett ist, wie ihr Brief wirkt. – Und Toby durfte sogar im Bus von Rosa Parks sitzen!

Brief an Melissa

Liebe Melissa,

wie geht es dir? Hast du schon einmal im Bus von Rosa Parks gesessen? Das möchte ich auch sehr, sehr gern! Welches Ausstellungsstück magst du im Henry Ford Museum am liebsten? Was gibt es bei dir zu essen?

Tschüss

Toby

Antwort von Melissa

Hallo Toby,

wie geht es dir? Läuft es gut in der Schule? Was lernt ihr gerade? War in Geschichte etwas besonders cool oder überraschend?

Wow, dein Brief ist gerade angekommen, als ich ihn am meisten brauchte. Die Arbeit war in den letzten Wochen extrem stressig, und dann fiel mir aus dem Postkasten dein Brief entgegen. Es war toll, von dir zu hören, und ich habe ihn gleich einem Dutzend Arbeitskollegen und Freunden gezeigt, was dir hoffentlich nichts ausmacht. Ich habe von deiner Aktion erzählt, und alle waren ganz begeistert, dass du in deinem Alter schon solche ehrgeizigen Pläne hast. Eine gute Freundin (sie heißt Lynn) meinte, du müsstest eine weit gewanderte Seele haben, weil du dich für Dinge interessierst, die den meisten Kindern in deinem Alter egal sind. Nun denn, lass uns zu den Fragen in deinem Brief kommen, und anschließend hänge ich noch ein paar spannende geschichtliche Fakten dran.

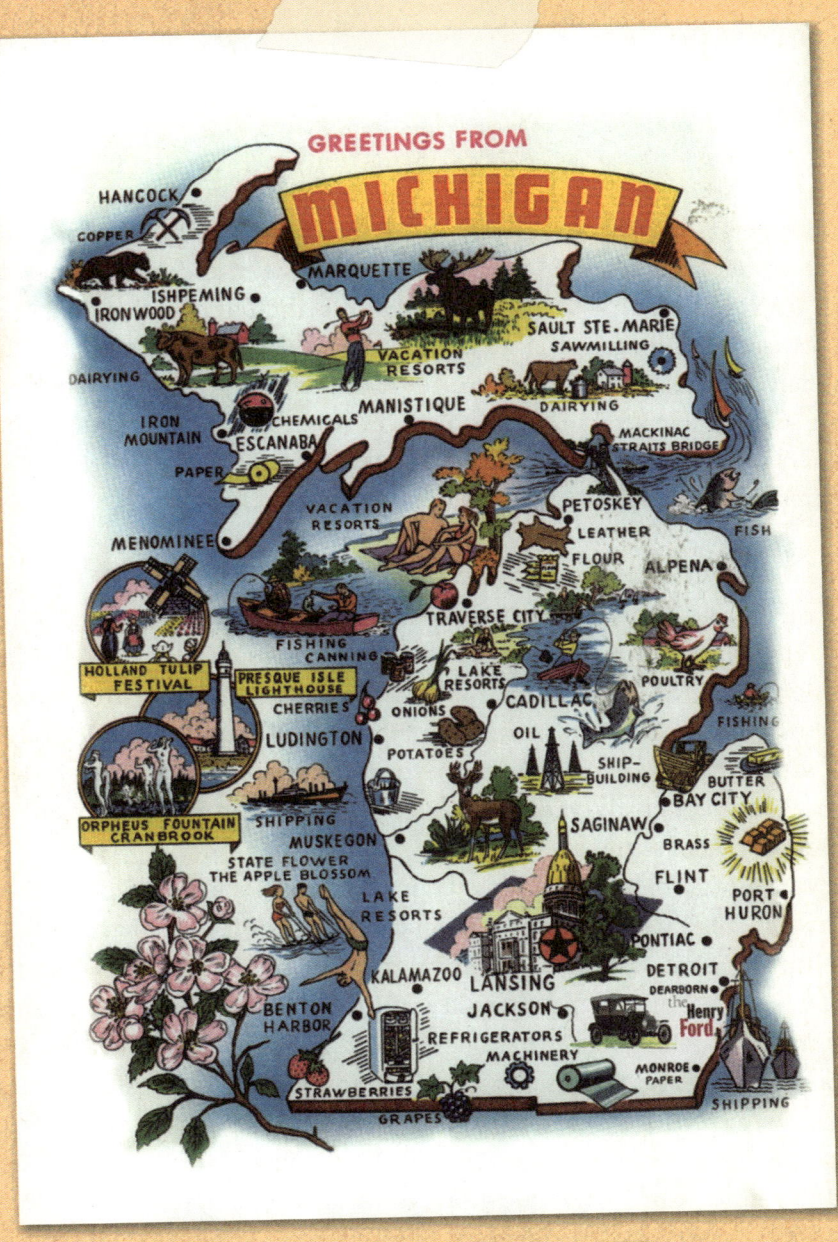

Eine Postkarte von Melissa. Tatsächlich, der amerikanische Bundesstaat Michigan hat die Form eines Handschuhs.

FRAGE 1: *Wie geht es mir?*

Richtig gut. Nach ein paar langen Arbeitswochen gönne ich mir jetzt eine kurze Pause.

FRAGE 2: *Habe ich schon im Bus von Rosa Parks gesessen?*

Ja, mehrere Male auf verschiedenen Plätzen und sogar genau auf dem Platz, von dem sie trotz der damaligen Rassentrennung nicht aufstehen wollte. Übrigens erzähle ich Rosas Geschichte auch den Besuchern, die in unser Museum kommen. Dieser Bus ist ein großartiges Zeitzeugnis, und wir haben auch noch eine Tonaufnahme, auf der Rosa selbst von dem Tag erzählt, der sie berühmt machte. Falls du mal nach Michigan kommst, führe ich dich gern persönlich durch das Ausstellungsgebäude und das Museumsdorf, sodass du einmal in dem Bus sitzen kannst.

FRAGE 3: *Welches Ausstellungsstück mag ich im Henry Ford Museum am liebsten?*

Wow, Toby!! Eine schwerere Frage ist dir nicht eingefallen?? Mal sehen, eigentlich mag ich das ganze Museum, aber am meisten und liebsten gehe ich wohl durch die Techniksammlung und das Greenfield Village. Dabei würde ich sagen, dass meine Favoriten wechseln, denn ich entdecke immer wieder etwas, das neu und aufregend ist. Also habe ich wohl verschiedene Lieblingsstücke.

Im Museumsgebäude gefallen mir im Moment besonders die Allegheny Lokomotive, der Bugatti Royal, das Knackwurstmobil und die historische Ausstellung »Freiheit und Gleichheit für alle«. Die Lokomotive finde ich toll, weil sie so groß ist und damals mit ihrer eigenen Dampfkraft in die Museumshalle gefahren wurde. Der Bugatti ist das teuerste Auto der Welt, und es gibt davon nur noch ganz wenige. Ich hatte sogar schon die Gelegenheit, es durchs Dorf fahren zu sehen, denn in den Sommermonaten gibt es hier immer Autoshows. Ein wunderschön elegantes Modell, aber eigentlich sind alle Fahrzeuge der Sammlung einzigartig. Das Knackwurstmobil gehört zu den skurrilen Stücken des Museums und bringt so

"ROSA PARKS BUS"

CLEVELAND AVE.

2857

2857

Henry Ford Museum
Dearborn, Michigan

Noch eine Postkarte. Sie zeigt Rosa Parks, die sich trotz Rassentrennung weigerte, ihren Platz in dem Bus für einen weißen Fahrgast zu räumen. Ein Verhalten, das Toby wahnsinnig mutig fand.

ziemlich jeden zum Grinsen, der es sieht. Aber am besten ist wohl doch die Ausstellung »Freiheit und Gleichheit für alle«, die dich wahrscheinlich genauso begeistern würde. In ihr wird die Geschichte meines Landes von der Amerikanischen Revolution bis zur Bürgerrechtsbewegung erzählt. Zu den Ausstellungsstücken gehören nicht nur der Bus von Rosa Parks, sondern der Stuhl von Präsident Lincoln und eines der Militärzelte von General Washington.

Im Greenfield Village, das zum Museum gehört, gefallen mir die Fahrten mit den echten Dampflokomotiven, das Labor von Thomas Edison und die Gebäude rund um die Main Street, wo das Wohnhaus und der Fahrradladen der Gebrüder Wright steht. Meine Lieblingslokomotive ist die Baldwin Nr. 7. Thomas Edison hat übrigens auch sein Glühbirnen-Experiment für das Museumsdorf rekonstruiert, als es im Oktober 1929 eröffnet wurde. Das Viertel um die Main Street ist besonders spannend, weil dort verschiedene Aspekte des täglichen Lebens gezeigt werden. Dort gibt es z. B. das Gerichtsgebäude von Logan County, wo Abraham Lincoln in seinen frühen Jahren als Anwalt gearbeitet hat, und im Inneren einen Eckschrank, den er zusammen mit seinem Vater selbst gezimmert hat. Im Haus der Gebrüder Wright und ihrer Fahrradwerkstatt wurde das erste Flugzeug gebaut, das sich erfolgreich in die Lüfte erhob.

FRAGE 4: *Was gibt es bei mir zu essen?*
Ich mag alles Mögliche, aber an meinem Arbeitsplatz bekommt man auch die Gelegenheit, richtig alte Rezepte zu probieren. Im Greenfield Village gibt es Kessel voll leckerem Rindereintopf, und während der Ferienzeiten bieten sie dort Sandwiches mit frisch aufgeschnittenem Roastbeef an, die unglaublich gut schmecken. In meiner Heimatstadt Dearborn gibt es viele arabische Restaurants und auch andere Nationalitäten, sodass man eine gute Auswahl hat. Bei dem ganzen wunderbaren Essen hier brauche ich wirklich auf nichts zu verzichten.

Heute schreibe ich dir noch ein paar Fakten über Michigan dazu, die dir vielleicht gefallen.

1) Michigan hat die Form eines Handschuhs, deshalb kann jeder Einwohner dir zeigen, wo er wohnt, indem er irgendwo auf seine Hand tippt.

2) Hier gilt das Sprichwort: »Wenn dir das Wetter nicht gefällt, warte fünf Minuten – dann ist es schon wieder anders.«

3) Michigan hat die längste Süßwasserküste der USA und auch (fast) die längste Meeresküste, abgesehen von Alaska.

4) Wir sind der einzige US-Staat, von dem ein Stück an der Grenze weiter nach Norden reicht als Kanada. Das kanadische Ontario liegt nämlich südlich von Detroit.

5) Der obere Teil des Staates ist vom Rest fast abgeschnitten, nennt sich die Upper Peninsula und besteht eigentlich nur aus Wald.

6) Wer dort wohnt, wird als »Yooper« bezeichnet (Abkürzung für UP = Upper Peninsula). Die Yooper nennen alle Leute, die in der Handfläche leben, spöttisch die »Trolle«. Der Hauptteil von Michigan liegt nämlich jenseits einer Landbrücke (der Mackinac Bridge), deshalb wird auf die Sage angespielt, dass Trolle unter Brücken wohnen.

Ganz am Ende, bevor ich mich von dir verabschiede, Toby, möchte ich dir noch einen schönen Geburtstag und gesunde, sichere Ferientage wünschen.
     Bis zum nächsten Mal
     Melissa

PS: Du solltest nach einem Päckchen Ausschau halten! Deine Mummy kann mir bitte mitteilen, wenn es angekommen ist.

Rezept aus Puerto Rico:
Bacalaitos Fritos

Dieses Fischbällchenrezept von Mónica ist ein tolles Beispiel dafür, dass sich Experimente lohnen. An dem Rezept war uns viel fremd – der Fisch, die Zubereitungsart –, aber das Endresultat waren knusprige Bällchen, die die ganze Familie sehr schnell verputzt hat!

Zutaten für 30 Stück

1 Pfund gesalzener Kabeljau
2 Tassen Mehl
2 TL Backpulver
1 TL normales Mischgewürz mit Pfeffer
2 Tassen Wasser
1 TL Knoblauchpulver oder 2 frisch gehackte Knoblauchzehen
2 TL frischer Koriander
Pflanzenöl zum Braten

Zubereitung

Den Fisch 3 Stunden in kaltes Wasser oder über Nacht in den Kühlschrank legen. Den Fisch anschließend einige Male mit kaltem Wasser abspülen; abtropfen lassen. In der Pfanne den Fisch mit Wasser bedecken, aufkochen und 10 Minuten köcheln lassen. Warten, bis er kühl ist; Haut und Gräten entfernen, zerkleinern. In einer Schale einen Teig anrühren, indem du Mehl, Backpulver, Gewürz und Wasser mit dem Mixer verrührst. Wenn der Teig glatt ist, Knoblauch, Koriander und zerkleinerten Fisch hineingeben. In einer Pfanne ½ cm Öl auf mittlerer Stufe erhitzen. Den Teig mit einem Löffel in das heiße Öl gleiten lassen, sodass die Puffer die beste Größe für dich haben. Braten, bis sie goldbraun sind. Auf einem Küchenpapier abtropfen. Guten Appetit!

Rezept aus Costa Rica:
Gallo Pinto

Erick erzählte uns, dass Gallo Pinto in Costa Rica eigentlich ein Frühstück ist. Wir sind an dem Morgen, an dem wir es zubereitet haben, ein bisschen langsam in die Gänge gekommen. Und so wurde es eher ein Mittagessen. Ohne Ericks Rezept hätten wir nie Ei, Reis und Avocado gemischt und herausgefunden, wie gut das zusammen schmeckt.

Zutaten für 2 Personen

1 Pfund Bohnen (schwarz oder rot)
2 Tassen geschälter weißer Reis
ein paar Korianderblätter
1 kleine Zwiebel
1 kleine rote Paprika (die mag ich zwar nicht, aber außer mir benutzt sie jeder!)
3 Tassen Hühnerbrühe oder Wasser (um den Reis zu kochen)
1 EL Öl

Zubereitung

Sobald der Reis gekocht ist, mit den Bohnen vermischen. Manche Leute kochen die Bohnen selbst, aber man kann sie auch fertig in der Dose kaufen.
Dann werden der Koriander, die Paprika und die Zwiebel gehackt.
Nun das Öl in einer Pfanne erhitzen, den Bohnenreis hineingeben, salzen und unter stetigem Rühren eine Weile köcheln lassen. Anschließend mixt du noch den Koriander, die Paprika und die Zwiebel dazu.
In Costa Rica essen das die meisten Leute zum Frühstück, manchmal garniert mit einer aufgeschnittenen Avocado. Dazu kann man sich ein paar Rühreier und eine Tasse Kaffee kochen.
Dann gemütlich hinsetzen und das Gallo Pinto genießen!

SÜDAMERIKA

Argentinien

Patricia war unser erster Briefkontakt in Südamerika.
Es fühlte sich so aufregend an, ihre Antwort zu erhalten!
Da ich (Sabine) schon einmal in Argentinien gewesen war,
konnten wir uns Fotos anschauen, während wir uns
über das Land informierten.

Brief an Patricia

Hallo Patricia,

wie geht es dir? Wir haben uns Fotos von Argentinien angeschaut — warum haben die Häuser in La Boca viele bunte Farben? Warst du schon bei den Iguazú Wasserfällen?

Tschüss

Toby

Antwort von Patricia

Hallo Toby,

wie geht es dir? Ich freue mich sehr, dass dein Brief schließlich hier angekommen ist.

Ich lebe in Buenos Aires, der Hauptstadt von Argentinien. Du hast mich nach La Boca gefragt; tja, darüber gibt es viel zu sagen.

Kein anderes Viertel meiner Stadt hat so leuchtende Farben. Es gibt einen Fußballverein mit demselben Namen, den viele Argentinier leidenschaftlich lieben, und das Stadium befindet sich nur ein paar Häuserblocks vom Fluss (dem Riachuelo) entfernt. La Boca ist durch die vielen Einwanderer verschiedener Herkunft entstanden, die übers Meer gekommen und am Hafen von Buenos Aires gelandet sind.

Eine legendäre Straße im Viertel heißt Caminito (kleiner Pfad) und ist eine Sackgasse, wo man den Tango bei jedem Schritt in den Fußsohlen fühlt. Die Straße wurde von einem berühmten Maler getauft: Benito Quinquela Martín. Seine Bilder sind dafür bekannt, dass sie die Arbeiterbevölkerung von La Boca im frühen 20. Jahrhundert zeigen.

Ich war noch nicht bei den Wasserfällen von Iguazú. Meine Schwägerin ist letzten Monat dort hingereist und hat erzählt, wie wundervoll dieser Ort ist. Der Name »Iguazú« stammt aus den Sprachen Guarani und Tupi. *Y* heißt »Wasser« und *Uasu* heißt »groß«. Wusstest du, dass die Wasserfälle zu den sieben Weltwundern der Natur gehören?

Ich habe vor langer Zeit einmal England besucht, aber in deiner Stadt war ich nicht ...

Danke für deinen netten Brief. Falls du noch mehr über Argentinien wissen willst, frag mich gern.

Alles Liebe
Patricia

Zwei Gründe, Argentinien zu lieben: die Wasserfälle von Iguazú und die bunten Häuser in La Boca.

Brasilien

Luna hat von uns eine Entschuldigung verdient, denn soweit wir wissen, ist sie unser einziger Briefkontakt, den wir erst einmal vergessen hatten! Manchmal kann es etwas kompliziert werden, im Kopf zu behalten, wessen Adressen wir haben – und aus Brasilien gab es gerade ziemlich viele Freiwillige, als Luna sich bei uns meldete. Wir haben sie erst ein paar Monate später in unseren Daten entdeckt und ihr eine E-Mail geschickt, um uns zu entschuldigen. Glücklicherweise war sie nicht verärgert und wollte immer noch gern an Tobys Projekt teilnehmen. Beim Recherchieren sind wir zur Musik von Adoniran Barbosa durchs Wohnzimmer getanzt, und wir lieben die Idee, das ganze Jahr über Obstfeste zu veranstalten!

Brief an Luna

Liebe Luna,

wie geht es dir? Kommt dein Namen von Luna Lovegood? Was ist dein Lieblingsplatz in Sáo Paulo? Welchen Beruf hast du? Weshalb feiert man ein Feigenfest? Warst du da schon? Hörst du die Musik von Adoniran Barbosa? Ich mag ihn gern.

Tschüss

Toby

Die Postkarte, die uns Luna geschickt hat, zeigt ein berühmtes Architekturmuseum. Es wird von den Brasilianern auch »Das Auge« genannt.

Antwort von Luna

Hallo Toby!

Wie geht es dir? Ich freue mich sehr, dass ich eine deiner vielen Brief-freundschaften rund um die Welt werden darf!

Mein Name kommt nicht von Luna Lovegood. Ich bin geboren worden, als die Harry Potter-Bücher noch nicht geschrieben waren. Den ersten Band habe ich gelesen, als ich zehn Jahre alt war, und beim letzten Band war ich schon im College! Luna ist in Brasilien kein sehr verbreiteter Name – es bedeutet »Mond« auf Spanisch und Italienisch, aber hier sprechen wir ja Portugiesisch. Bei uns heißt der Mond »lua«.

Ich glaube, mein Lieblingsplatz in São Paulo ist der Ibirapuera Park. Hast du Bilder davon gesehen? Er ist sehr groß und liegt mitten in der Stadt, ungefähr wie der Central Park in New York. *Ibirapuera* bedeutet »umge-stürzter Baum« in Tupi-Guarani. Das ist die Sprache, die von den Einhei-mischen benutzt wurde, bevor die Portugiesen nach Brasilien kamen. Hier gibt es viele Orte mit solchen alten Namen, aber meistens wissen die Leute nicht, was sie bedeuten.

Ich bin Pharmazeutin und arbeite im kosmetischen Bereich. Vor allem entwickele ich Sonnencremes und Schminkrezepte. Die Arbeit gefällt mir sehr, weil sie so abwechslungsreich ist. Außerdem kann ich oft zu Konfe-renzen und Messen fahren – und ich liebe das Reisen! Über meinem Bett hängt eine Landkarte voller Stecknadeln, die alle Orte markieren, wo ich schon war. Außerdem sammele ich Postkarten von meinen Reisezielen und bitte auch immer meine Freunde, mir unbedingt welche zu schicken, wenn sie wegfahren.

Das Feigenfest gehört zum sogenannten »Obst-Reigen«, an dem zehn Städte der Umgebung teilnehmen. Jede davon ist berühmt für eine bestimmte Frucht, die dort angebaut wird. Valinhos ist die Stadt der Fei-gen! Deshalb gibt es hier bei uns jeden Januar das Feigenfest, auf dem man alle möglichen Produkte kaufen kann: Feigenmarmelade, Saft oder Süßigkeiten. Außerdem gehören dazu noch Musik, Spielorte für Kinder und alle möglichen Essensstände. Wenn man die übrigen Städte besuchen will, gibt es nacheinander das Weintraubenfest, das Guavenfest, das Erdbeerfest und so weiter. Obstpartys das ganze Jahr über! Ich war ein paar Mal auf dem Feigen- und Weintraubenfest, aber dieses Mal habe ich beide verpasst. Vielleicht besuche ich sie nächstes Jahr wieder, dann schicke ich dir ein Foto!

Ich freue mich, dass du Adoniran Barbosa magst. Er war ein fantastischer Sänger und Komponist. Jeder in Brasilien kann mindestens eines seiner Lieder singen. Bestimmt gefällt dir auch die Musik von Demônios da Garoa. Das ist eine Sambatruppe, die viele Songs von Adoniran Barbosa neu aufgenommen hat. Ich glaube, *Trem das Onze* ist das allerberühmteste Lied.

Hoffentlich bekommst du eines Tages die Gelegenheit, mein Land zu besuchen!

Alles Liebe aus Brasilien

Luna ☺

Chile

Eine ganze Reihe von Leuten haben uns wissen lassen,
dass sie erst durch Tobys Briefe dazu inspiriert wurden,
sich Plätze in ihrem Land oder ihrer Stadt anzuschauen,
an denen sie vorher noch nie waren. Toby ist ganz begeistert
von dem Gedanken, dass seine Aktion auch anderen
Menschen hilft, die Welt zu entdecken.

Brief an Patricia

Liebe Patricia,

wie geht es dir? Hast du das Blauwalskelett im Museum für Naturkunde gesehen? Kannst du uns bitte ein Kochrezept aus Chile schicken? Magst du gern Ski fahren? Hast du Angst vor Erdbeben?

Tschüss

Toby

Antwort von Patricia

Lieber Toby,

zuerst möchte ich mich entschuldigen, weil meine Antwort so lange gebraucht hat. Durch deinen Brief bin ich zum allerersten Mal in unser Museum für Naturkunde gegangen!! Und da habe ich das Walskelett gefunden, von dem du geschrieben hast!!

Ich war noch nie Ski fahren, weil ich in der Stadt lebe. Aber sobald ich es einmal ausprobiere, schicke ich dir Fotos, versprochen.

Was die Erdbeben betrifft, habe ich zwar keine Angst vor ihnen, aber großen Respekt.

Ich würde gern weiter in Briefkontakt mit dir bleiben. Vielleicht kann ich dir nächstes Mal ein paar chilenische Worte beibringen!!

Ich würde gern wissen, was für Musik, Sport oder Fernsehsendungen du besonders magst. Hast du Schwestern oder Brüder? Sei im Leben immer freundlich und hilf deinen Eltern, so viel du kannst.

Ich hoffe, du schreibst mir ganz bald zurück. Bis dann!!

Patricia

Toby liebt Naturkundemuseen und würde sich das Walskelett furchtbar
gern selbst ansehen. Er möchte gern Zoologie studieren.

Wenn man solch einem Riesen in Wirklichkeit begegnet, fühlt man sich
bestimmt sehr, sehr klein!

Peru

Unser besonderer Dank gilt den Menschen, die anfänglich nicht
nur Tobys kurze Fragen beantwortet, sondern sich die Mühe
gemacht haben, mehr zu erzählen. In den ersten Wochen haben
Toby ein paar einfache Sätze enorm viel Zeit gekostet!
Percy ist nicht nur auf sämtliche Fragen sehr genau
eingegangen, sondern hat auch jede Menge Fotos und
zusätzliche Informationen mitgeschickt.
Tobys häufige Frage nach Erdbeben kommt zum Teil daher,
dass er selbst noch nie eines erlebt hat, aber er findet auch
die Frage spannend, wie sie zustande kommen.
Durch das Briefprojekt haben wir uns mit tektonischen
Platten beschäftigt und nachgeforscht, warum es an bestimmten
Orten mehr Erdbeben gibt als an anderen.

Hallo Percy,
wie geht es dir? Hast du das Erdbeben von 2005 miterlebt? Warst du schon einmal mit Delfinen schwimmen? Was ist dein Beruf?
Tschüss

Toby

Antwort von Percy

Hallo Toby!
Ich sende dir meine aufrichtigsten Glückwünsche zu deinem Briefprojekt. Vielen Dank, dass du mich einbeziehst und ich auch einen kleinen Beitrag dazu leisten kann.

Um deine Frage über das Erdbeben zu beantworten: Es fand am 25. September 2005 statt und hatte auf der Richterskala einen Wert von 7,5. Glücklicherweise befand ich mich 476 km westlich in Piura. Ich erinnere mich, dass ich im dritten Stock an meinem Computer saß und schrieb, als ich gegen neun Uhr abends ein leichtes Rütteln spürte, nichts Bedenkliches. In meiner Gegend wurde ein Wert von drei gemessen, also eine harmlose Erschütterung ohne Gebäudeschäden. Am nächsten Tag im Fernsehen erhielten wir dann die Informationen, welche Städte es am schlimmsten getroffen hatte. Am Ende verloren ungefähr 39.000 Menschen in sieben Regionen von Peru ihr Zuhause und wurden obdachlos. Man konnte das Erdbeben auch in Brasilien, Ecuador und Kolumbien fühlen. Ich lege einige Grafiken bei, falls du dich näher über das Thema informieren möchtest.

Was Delfine betrifft, so habe ich sie bisher nur im offenen Meer schwimmen sehen. Ich habe nachgelesen, dass es in Peru bloß zwei dieser Tiere in Gefangenschaft gibt. Sie wurden 1997 hierher gebracht und waren damals fünf und neun Jahre alt, aber im Moment ist ihr Delfinarium für die Öffentlichkeit geschlossen. Ein Grund wurde nicht angegeben, aber es hieß, den beiden gehe es gut und sie würden täglich 25 Kilogramm Fisch essen. Dort stand auch, dass man mit ihnen schwimmen, in Zeichensprache kommunizieren und sie füttern kann. Vielleicht wäre das eines Tages eine gute Option für dich.

Ich arbeite als Industrieingenieur. Dieser Beruf erlaubt es mir, mich in verschiedenen Gebieten weiterzuentwickeln, beispielsweise Verwaltung, Arbeitssicherheit, Maschinendesign und Ressourcenoptimierung. Generell kann man sagen, dass ich Know-how zur Verfügung stelle – zum Beispiel für Krankenhäuser, Supermärkte, Flughäfen, Hotels, Lagereien, Fabriken usw. Im Augenblick plane ich die Logistik für einen Ölkonzern. Dazu kontaktiere ich verschiedene Firmen, die uns bestimmte notwendige Produkte oder Dienstleistungen anbieten können, und lasse mir von ihnen ein Preisangebot schicken. Daraus kalkuliere ich unsere ungefähren Gesamtkosten. Diese veröffentlichen wir dann im Internet, um uns national und international um Aufträge zu bewerben.

Wusstest du, dass du auch in England einen Einblick in unsere Kultur bekommen kannst? Peru hat eine sehr ausgeprägte Esskultur, die allmählich auch in anderen Teilen der Welt bekannt wird. Bei euch gibt es Tito's Peruanisches Restaurant, das Coya Restaurant und das Lima. Letzteres liegt dicht an einer Londoner Straße, die denselben Namen trägt wie ich. Ein hübsches Zusammentreffen! ☺

Ich wünsche dir viel Glück mit deinem Projekt, Toby. Grüß deine Mutter von mir!

Percy

Uruguay

Maria ist Glaskünstlerin, aber gleichzeitig ausgebildete Biologin,
daher konnte sie uns von den Fossilien in Uruguay erzählen.
Toby wird nie müde, nach Fossilien zu fragen!

Brief an Maria

Liebe Maria,

wie geht es dir? Bist du immer noch Biologin? Weißt du etwas über Fossilien in Uruguay? Was machst du aus Glas? Gehst du zum Karneval?

Tschüss

Toby

Antwort von Maria

Lieber Toby,

wie geht es dir? Ich habe mich sehr über deinen Brief gefreut, und wie ich sehe, hast du eine sehr ordentliche Handschrift! Kannst du dir vorstellen, dass eine enge Freundin von mir früher ausgerechnet in Sheffield gewohnt hat? Was für ein Zufall!

Ja, ich bin Biologin und arbeite in einem Labor. Hier in Uruguay wurden 2001 Dinosaurier-Fossilien gefunden! Sie sind 250 Millionen Jahre alt und von einer Spezies namens *Pelycosauriae*, die es sehr, sehr selten gibt, und zwar nur in Russland (bis zu diesem Fund).

Außerdem bin ich Künstlerin und arbeite mit Glas. Ich habe einen Ofen, in dem ich das Glas bei sehr hoher Temperatur schmelze. Dadurch kann ich ihm jede Form geben, die ich will. Ich schreibe auch Nachrichten und Denksprüche hinein, sodass die Leute sie lesen können.

Ich hoffe, du hast viele gute Freunde und spielst gern und oft. Das tue ich nämlich auch! Besonders draußen! Ich schicke dir einen dicken Kuss aus Uruguay!

Alles Liebe, Maria

Rezept aus Brasilien:

Pão de queijo

Diese Käsebällchen sind eher Käsemuffins. Aber das Tapiokamehl gibt den Teilchen eine Konsistenz, die wir bisher noch nicht gekannt hatten – und der Käse macht sie außen knusprig und innen weich. Wir haben das Rezept bis jetzt zweimal gebacken und beim zweiten Mal noch extra Käse hinzugefügt.

Zutaten für 6 Stück

1 Ei
1/3 Tasse Olivenöl
2/3 Tasse Milch
1 ½ Tassen Maniok- oder Tapiokamehl
½ Tasse geriebener Käse
1 TL Salz

Zubereitung

Den Ofen vorheizen auf 200 Grad. Alle Zutaten in einen Mixer geben und so lange pürieren, bis eine weiche Masse entsteht, diese dann in Muffinförmchen oder etwas Ähnliches füllen.
15 bis 20 Minuten backen lassen, bis die Kruste oben leicht braun ist. Mit Butter oder Nutella schmecken die Käsebällchen besonders gut!

Torta de platano

Das Rezept für diesen kolumbianischen Bananenkuchen stammt von Lauras Mama. Obwohl es ein altes Familienrezept ist, hat sie es uns netterweise geschickt. Wir haben es jetzt schon mehrfach gebacken – wenn wir keine fertigen Chocolate Chips haben, hacken wir einfach Schokolade klein.

Zutaten

½ Tasse Butter
1 ½ Tassen Zucker
1 Tasse pürierte Bananen (2 bis 3 mittelgroße reife Früchte)
2 Eier
1 TL Vanille
2 Tassen Mehl
1 TL Backpulver oder Back-Natron
½ Tasse Naturjoghurt
½ TL Salz
nach Wunsch: Chocolate Chips ☺

Zubereitung

Eine Kuchenform buttern (Größe 20 bis 22 cm) und mit Mehl bestäuben.
Den Ofen auf 180 Grad vorheizen.
Butter mit dem Mixer rühren, bis sie weich ist, Zucker hinzufügen und die Mischung sahnig schlagen.
Die pürierten Bananen, Eier und Vanille hinzufügen, alles gut verrühren.
Mehl, Backpulver, Salz und Chocolate Chips separat verrühren, hinzufügen und alles gut mischen. Langsam den Joghurt hinzufügen. Gut verrühren.

Den Teig in die Kuchenform füllen und 45 Minuten backen ... oder mit einer Messer-spitze hineinstechen und prüfen, ob sie sauber herauskommt. Den Kuchen 5 Minuten abkühlen lassen und erst dann aus der Form holen.

AFRIKA

Algerien

Wir haben Cari und ihre Familie über Facebook kennengelernt,
und Cari erzählte uns, dass ihre neunjährige Tochter Aishah
gern Tobys Brieffreundin in Algerien werden würde.
Toby war beeindruckt, dass Aishah drei Sprachen spricht
(Arabisch, Französisch und Englisch). Da er sowohl die Wüste
als auch Füchse mag, war er ganz begeistert, als Aishah ihm
einen selbst gezeichneten Fennek mitschickte!

Brief an Cari und ihre Familie

Hallo ihr alle,

wie geht es euch? Wart ihr bei den Ruinen von Djémila? Habt ihr schon einmal
einen Wüstenfuchs gesehen? Was gibt es bei euch zu essen?

Tschüss

Toby

Toby mag Füchse sehr gern — in England hat er einmal einen roten Fuchs gesehen,
und nun würde er gern nach Afrika, um den Fennek in der Wildnis zu finden!

Antwort von Cari

Lieber Toby,

wir leben in Sétif, Algerien. Die Römer haben unserer Stadt den Namen Sitifis gegeben, und ganz ähnlich heißt sie noch heute. Wir haben fünf Kinder: Aishah (9), Abdullah (6), Zoulaikha (4), Khadidja (2) und Youcef (1).

Dieser Brief kommt von Aishah. Ich schreibe für sie, weil sie zwar Arabisch, Französisch und Englisch spricht, aber englische Worte zu schreiben lernt sie gerade erst. Aishah sagt: Wir haben Wüstenfüchse im Zoo gesehen. Sie sind sehr niedlich, mit schwarzen Augen und goldenem Fell. In Freiheit leben sie in der Wüste Sahara, die ist ungefähr drei Stunden von uns entfernt.

Wir waren in Djémila. Dort ist es cool. Man kann immer noch durch die Stadt laufen. Die Bibliothek und Häuser sind sehr klein. Das Gefängnis ist nicht größer als eine winzige Besenkammer und vor allem unter der Erde. Igitt!

Hier essen wir oft gekochtes Gemüse oder Fleisch über einem Getreide namens Couscous. Außerdem lieben wir Kekse und Kuchen, die aus Nüssen, Honig und Puderzucker gemacht werden.

Die Kinder sind hier genauso wie bei euch, glaube ich. Ich bin im Schwimmteam, und am liebsten spiele ich mit meinen Freunden. ☺
Aishah Mokrani

Benin

In dem Brief von Simon und Benjamin lag beigefügt eine Postkarte mit der Aufschrift: »Zum Haus eines Freundes ist es nie zu weit«. Das klang wie eine perfekte Zusammenfassung von Tobys Briefprojekt. Im Übrigen hat Toby herausgefunden, dass Kinder auf der ganzen Welt mit gleicher Begeisterung Fossilien sammeln!

Brief an Simon und Benjamin

Hi Simon und Benjy,
wie geht es euch? Geht ihr zur Schule? Was gibt es bei euch zu essen?
Wie ist das Leben im Benin? Könnt ihr *Fon* sprechen?
Tschüss

Toby

Antwort von Simon und Benjamin

Lieber Toby,
wir mögen die Schule, denn Papa ist unser Lehrer in Französisch. Oft essen wir gestampfte Yamswurzeln. Viele Menschen hier sind Bauern. Sie ernten Mais und Baumwolle.

Im Benin gibt es über 50 Sprachen. Wo wir wohnen, reden die Leute *Monkole*, und wir können das auch ein bisschen sprechen. Wir mögen unser Haus. Simon findet Fossilien so spannend wie du. Er versucht immer, welche auf unserem Grundstück zu finden.

Tschüss
Simon und Benjamin

»Es ist nie zu weit zum Haus eines Freundes.«

Burkina Faso

Stephanies Brief war randvoll mit Informationen und ihr Schreibstil gab uns fast das Gefühl, mit ihr in Burkina Faso zu sein! Hier bei uns begrüßen sich die Leute mit »Hallo, wie geht es dir?« und ein üblicher Scherz handelt davon, dass kein Engländer jemals antworten würde: »Also, eigentlich nicht sehr gut.« Aber die Begrüßungsformeln, die Stephanie beschreibt, klingen wirklich kompliziert.
Man will ja nichts falsch machen und jemanden beleidigen!
Außerdem war Toby nach dem Brief sehr froh, dass er in der Schule jeden Tag ein Essen bekommt.

Brief an Stephanie

Liebe Stephanie,

wie geht es dir? Was ist deine Arbeit in Burkina Faso? Wieso machst du Entwicklungshilfe? Gehen die Kinder bei euch zur Schule? Was gibt zu essen? Tschüss

Toby

Antwort von Stephanie

Hallo Toby,

wie nett, von dir zu hören! Deine Briefaktion klingt spannend und sehr cool. Danke, dass ich mitmachen darf! Burkina Faso ist ein Land, von dem wenige Leute überhaupt gehört haben – also freut es mich besonders, dir ein bisschen davon zu erzählen.

Burkina ist ein kleiner, extrem armer Staat in Westafrika ... und sehr, sehr heiß. Der größte Teil des Landes besteht nur aus Wüste und Sand. Aber ich lebe im Süden, wo es immerhin ein paar Bäume gibt, und darüber bin ich froh.

Ich arbeite hier in einem Entwicklungsprojekt für die öffentliche Gesundheit. Das bedeutet, dass wir Krankheiten möglichst im Voraus verhindern und Menschen helfen, die sich schon angesteckt haben. Eine meiner Hauptaufgaben ist, die Krankheit Malaria zu bekämpfen. Hast du davon schon einmal gehört? In Großbritannien und dem Rest von Europa gibt es Malaria nicht, aber in armen Ländern wie Burkina Faso und vielen Teilen von Afrika und Asien hat die Krankheit schon viele Menschen getötet – leider.

Der Virus wird durch Mücken übertragen, aber die Leute hier scheinen das nicht recht zu begreifen. Zum Beispiel heißt Malaria in meinem Dorf, wo Dagara gesprochen wird, wörtlich übersetzt »Krankheit der Kälte«. Einfach gesagt besteht mein Job also daraus, den Menschen etwas über medizinische Themen beizubringen, damit sie stark und gesund bleiben.

Hier gehen nur wenige Kinder zur Schule, weil die Familien oft nicht genug Geld haben, um die kleine Schulgebühr zu zahlen. Wenn doch, werden normalerweise die Jungen zum Unterricht geschickt, während die Mädchen zu Hause bleiben und bei der täglichen Arbeit helfen müssen. In meinem Dorf gib es außerdem nur eine Grundschule, also wenn die Kinder überhaupt dorthin gehen, dann nur für wenige Jahre. Die am nächsten liegende Mittelschule ist 15 Kilometer entfernt, die weiterführende Schule sogar 25 Kilometer. So sieht es in den meisten Gegenden aus, deshalb können in Burkina Faso leider nur sehr, sehr wenige Menschen lesen und schreiben. Nur 27 Prozent der Bevölkerung!

Ich arbeite oft in der Schule, was mir wirklich Spaß macht. Kürzlich habe ich einen Schulgarten angelegt, damit die Kinder mittags etwas zu essen bekommen können, statt den ganzen Tag hungrig zu bleiben. Vorher mussten die meisten Schüler warten, bis sie abends nach Hause kamen – obwohl ich manchmal die Jungs dabei beobachtet habe, wie sie mit Steinschleudern auf Eidechsen und Vögel Jagd machten, um sie zum Mittagessen zu kochen. Ich hoffe, mit einer sättigenden Mahlzeit wird es den Kindern leichter fallen, in der Schule zu bleiben. Keine Ahnung, wie sie sich mit leeren Bäuchen überhaupt konzentrieren können.

Die meisten Menschen in Burkina Faso essen jeden Tag etwas namens *tô*. Maismehl wird zu einer Art festem Gelee verkocht. Man nimmt davon eine Handvoll (weil wir hier nur mit den Händen essen) und tunkt es in eine Sauce, die je nach Jahreszeit verschieden ist. Leider enthält *tô* kaum Vitamine, und oft können sich die Familien nicht einmal eine Sauce leisten – also sind viele Menschen unterernährt.

Obwohl das Land sehr, sehr arm ist, trifft man überall wunderbare, gastfreundliche Leute. Nach Burkina Faso kommen kaum ausländische

Besucher, deshalb hat man an den meisten Orten, wo ich hinkomme, noch nie eine Weiße gesehen, aber ich werde immer mit offenen Armen aufgenommen. Hier ist es sehr wichtig, sich richtig zu begrüßen, was ziemlich lange dauert. Man sagt nicht einfach »Hallo«, sondern muss viele Fragen stellen, ungefähr so: »Hast du gut geschlafen? Wie geht es denn der Familie? Gesundheitlich alles in Ordnung? Bei den Kindern auch? Habt ihr Frieden?« Wenn man das nicht tut, gilt man als unhöflich. Manchmal ist das ganz schön anstrengend. ☺

Hier gibt es keine coolen Tiere, wie man sie normalerweise erwartet, wenn man an Afrika denkt. Eigentlich nur Vieh, also Ziegen, Esel, Schafe, Hühner und Schweine. Im Osten des Landes gibt es ein paar Elefanten, aber ich habe bisher noch keine gesehen. Vor Kurzem habe ich eine Babyziege geschenkt bekommen. Ich halte sie als Streicheltier und finde das sehr spannend. Für die Menschen hier ist Vieh das Zeichen, dass man wohlhabend ist, und da ich keines besaß, hat der Dorfvorsteher mir die Ziege gegeben. Er wollte verhindern, dass ich in seiner Gemeinde nicht respektiert werde. Das war wirklich nett.

Die Menschen leben hier sehr traditionell und es gibt viele seltsame Opferrituale und andere Zeremonien, die ich immer noch nicht verstehe. Zum Beispiel wird bei einem Begräbnis die Leiche in ein offenes Feld gesetzt, dann tanzen die Trauergäste um sie herum, und am Ende wird der Tote mit Geld beworfen. Als ich das erste Mal daran teilgenommen habe, war ich ziemlich schockiert und verängstigt, aber inzwischen war ich bei so vielen Begräbnissen, dass es mir ganz normal vorkommt!

Ich arbeite jetzt weit über ein Jahr in Burkina Faso und bin immer noch sehr froh, dass ich diese Gelegenheit bekommen habe! Auch wenn es manchmal schwer ist. Unter anderem musste ich mich daran gewöhnen, ohne Elektrizität, fließendes Wasser und kalte Getränke auszukommen. Aber ich kann ganz ehrlich sagen, dass ich hier – weit weg von meinem bequemen Zuhause – sehr glücklich bin.

Mit besten Wünschen
Stephanie

Gambia

Tobys Brief nach Gambia ging an eine Schule, die Kinder in verschiedenen Altersgruppen unterrichtet, aber auch junge Erwachsene ausbildet. In den Antworten ging es um so verschiedene Dinge wie das Flaggenspiel, das die Schüler zum Zeitvertreib spielen, afrikanische Geografie und traditionelle Färbetechniken für Stoff.

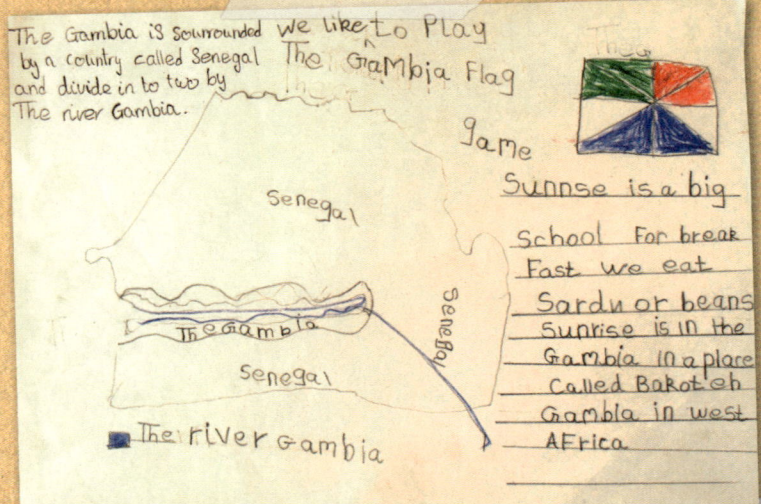

The Gambia is sourrounded by a country called Senegal and divide in to two by The river Gambia.

we like to play The Gambia Flag game

Senegal

The Gambia

Senegal

Senegal

The river Gambia

Sunrise is a big school For breakFast we eat Sardu or beans Sunrise is in the Gambia in a place Called Bakoteh Gambia in west AFrica

Gambia wird fast vollständig vom Nachbarstaat Senegal umschlossen. Und der gleichnamige Fluss teilt das Land in zwei identisch große Abschnitte.

How to Play the game of the flag

Materials: Sheet of Papper, draw a square shape 6 buttons, colours and pencils rulers

How to Play: The game is played by two people each person should have 3 buttons each. The first person will put the button in the middle of the flag They will take turns to put the button on the black spot of the flag. The first player to get all the buttons in a straight line of the flag is the winner.

Das Flaggenspiel funktioniert wie Tic Tac Toe. Man benutzt allerdings Gambias Flagge als Spielfeld sowie sechs Knöpfe, je drei pro Spieler. Abwechselnd versuchen die Spieler ihre Knöpfe auf die schwarzen Punkte zu legen — mit dem Ziel drei in eine Reihe zu bringen.

Kap Verde

Toby liebt Meeresschildkröten. Über den Kontakt zu Jacquie von der Tierschutzorganisation Turtle SOS Cabo Verde hat er sich also besonders gefreut. Wir haben gleich ein Schildkrötennest adoptiert, und Tobys Tante Katrin hat ihm zum Geburtstag noch ein zweites Nest geschenkt mit Eiern, aus denen pünktlich zu Tobys Ehrentag Schildkrötenbabys geschlüpft sind – so hat Toby das wunderbare Geburtstagsgeschenk bekommen, Tieren helfen zu können.

Brief an Jacquie

Liebe Jacquie,
wie geht es dir? Was passiert in einer Brutstation? Wie alt muss man sein, um Schildkröten zu retten? Können Babyschildkröten laufen?
Tschüss

Toby

Antwort von Jacquie

Lieber Toby,
danke für deinen Brief – er ist früher angekommen, als ich erwartet hatte! Von England bis hier sind es zwar nur fünf Stunden mit dem Flugzeug, aber die Post braucht oft sehr lange! Wir alle fanden deine Fragen sehr spannend.

In der Brutstation kümmern wir uns um die Eier von gefährdeten Schildkröten. Überall auf der Welt verlieren Schildkröten ihre angestammten Brutplätze, weil die Menschen immer mehr Hotels und Ferienanlagen an die Strände bauen. Genau das passiert auch auf den Kapverden. Das Problem ist, dass Babyschildkröten nach dem Schlüpfen auf den hellsten Lichtschein zukriechen. Früher gab es nur das vom Mond beleuchtete Meer, heute strahlen stattdessen die Hotels. Leider sterben die Babyschildkröten, wenn sie nicht schnell genug das Wasser erreichen.

Also patrouilliert unser Team die ganze Nacht an den Stränden auf und ab. Wenn wir eine Schildkröte beim Eierlegen entdecken, warten wir bis zum Schluss, dann sammeln wir die Eier vorsichtig in einen Eimer und bringen sie zur Brutstation.

Babyschildkröten sind gefährdet, weil sie das Meer nicht mehr finden.

Wir messen die Tiefe und Breite des Nests, das von der Schildkröte gegraben wurde, und buddeln in der Brutstation ein Loch mit genau denselben Maßen. Die Eier müssen sehr vorsichtig hineingelegt werden, weil sie leicht kaputtgehen. Nachdem wir sie wieder mit Sand zugeschüttet haben, können wir nichts weiter tun, als zu warten! Es dauert zwischen 52 und 60 Tagen, bis in den Eiern kleine Schildkröten herangewachsen sind. Das Schlüpfen passiert ganz von selbst, ohne unsere Hilfe. In der Nacht schläft immer jemand in der Brutstation und bringt die Schildkröten gleich nach der Geburt ins Meer. Zu sehen, wie die Babys aus dem Sand hochkommen, ist wirklich unglaublich!

Am besten ist es immer, der Natur ihren Lauf zu lassen und nicht unnötig einzugreifen. Deshalb entfernen wir nur die Nester an gefährdeten Stellen und lassen die anderen unberührt am Strand. Im Moment haben wir 320 Gelege in unserer Brutstation, aber über 1500 an den Stränden von Sal.

Deine zweite Frage finde ich total super – denn man kann in jedem Alter helfen, Schildkröten zu retten. Zwar musst du erst 18 werden, um mit uns patrouillieren zu können, aber du kannst auch in deinem normalen Alltag viel tun.

Erstens solltest du dir überlegen, wie viel Plastik du benutzt, und dafür sorgen, dass es weniger wird. Plastikreste landen oft im Meer, und dann glauben die Schildkröten (und auch andere Meerestiere oder Vögel), dass man das Zeug essen kann. Es kann in ihren Hälsen stecken bleiben oder ihre Mägen füllen, sodass sie sehr krank werden und manchmal sogar sterben. Bestimmt achtest du darauf, deinen Müll zu recyclen, und damit hilfst du den Schildkröten bereits.

Außerdem werden viele Schildkröten aus Versehen in Fischernetzen mitgefangen. Wenn du Fisch essen willst, kannst du Produkte aussuchen, bei denen diese Gefahr möglichst gering ist. Man nennt das »nachhaltige Fischerei«, und im Internet haben einige tolle Umweltorganisationen wie der MSC (Marine Stewardship Council) mehr Informationen darüber bereitgestellt.

Du hast uns ja auch schon auf eine andere Art geholfen, weil du ein Nest unserer Brutstation adoptiert hast. Mit deinem gespendeten Geld können wir unsere Arbeit fortsetzen und weiterhin Schildkröten und ihre Brutstellen beschützen. Und nicht zuletzt ist dein Briefprojekt eine Riesenhilfe, denn dadurch werden viele Menschen erst auf die Gefährdung der Schildkröten aufmerksam gemacht. Jedes Mal, wenn du mit jemandem darüber sprichst oder auf deiner Facebook-Seite davon schreibst, steigt das Bewusstsein für die Überlebensprobleme der Tiere, sodass hoffentlich immer mehr Menschen helfen wollen.

Als Toby von der Situation der Schildkröten hörte, wollte er gleich ein Nest adoptieren.

Liebe Grüße
Jacquie

Liberia

Toby war sehr beeindruckt davon, wie hochoffiziell
der Brief von Francis klang. Francis arbeitet für die Regierung,
deshalb hat Toby nach der Präsidentin gefragt.
Schwer zu glauben, dass es sich bei solcher Prominenz
um echte Personen handelt!

Brief an Francis

Lieber Francis,

wie geht es dir? Hast du Präsidentin Sirleaf getroffen?
Was gibt es bei dir zu essen? Warst du schon einmal im Dschungel?
Tschüss

Toby

Antwort von Francis

Mein herzlichster Gruß an dich, Toby Little.
Mir geht es sehr gut. Ich danke Gott für die Segnung einer vorzüglichen Gesundheit und hoffe, dir geht es ebenso.

Bevor ich deine Fragen beantworte, möchte ich dir zuallererst Beifall spenden, weil du dich einer so wertvollen Aufgabe widmest. Nicht weniger zu loben ist deine Mutter, die dir bei der Erfüllung deines Traums zur Seite steht.

FRAGE 1: *Hast du Präsidentin Sirleaf getroffen?*
Ja, aber nicht persönlich. Ich bin der Präsidentin Ellen Johnson Sirleaf 2008 bei der Gründung des Komitees für Regionalentwicklung in Bopolu, Bezirk Gbarpolu, begegnet. Als Vorsitzender der Studentenvereinigung von Gbarpolu an der Universität der Afrikanischen Methodistischen Episkopalkirche habe ich bei dieser Veranstaltung eine Studentengruppe geführt, die der Präsidentin eine Petition überreichte. Darin forderten wir, im Rahmen der Entwicklungsförderung für unsere Region besonders den Humanressourcen eine hohe Priorität einzuräumen.

Um jedoch deine Frage abschließend zu beantworten, ob ich die Präsidentin Sirleaf getroffen habe, so kann ich mit Sicherheit sagen: Ja, wir sind uns begegnet, aber unser Kontakt fand auf nationalpolitischer und nicht privater Ebene statt.

FRAGE 2: *Was gibt es bei dir zu essen?*
In Liberia wird Reis weitaus öfter konsumiert als alle anderen Lebensmittel. Tatsächlich essen wir ihn mindestens zweimal täglich. Importierter Reis – der in unserer Region *posava* genannt wird – gilt als qualitätsvoller. Der einheimische Reis wird bei der Ernte oft mit kleinen Gesteinsbrocken verunreinigt. Üblicherweise gehört zu einer Mahlzeit auch Palmöl oder Palmbutter (aus Palmnuss-Brühe) und Wein wird ebenfalls aus Palmfrüchten hergestellt. Die Blätter von Maniok- und Kartoffelpflanzen werden gekocht und wie Spinat gegessen. Zuckerrohr wird entweder zu Streuzucker raffiniert, oder man kann es auf dem Marktplatz kaufen und den süßen Saft, nachdem man die harte Schale aufgeschnitten hat, direkt aus dem Rohr schlürfen. Fufu (ein teigartiger Brei, der als Beilage zu den meisten Speisen gereicht wird) kann aus gegorenem Reis, Kochbananen, Maniok, Mais oder Süßkartoffeln hergestellt werden. Die mehligen Rohwaren werden getrocknet, mit einem Mörser zerstampft, gekocht und zu runden Ovalen von fünf Zentimeter Länge geknetet. Maniok ist nach Reis das zweite Grundnahrungsmittel in Liberia und wird meistens als Fufu gegessen. Eine Variation des Gerichts nennt sich *Dumboy* und wird zuerst gekocht, bevor man es stampft. Fufu schluckt man herunter, ohne zu kauen. Am liebsten essen wir es in scharfer Suppe.

Damit habe ich nur ein paar unserer Gerichte erwähnt. Um deine Frage direkt zu beantworten: Ich esse jeden Tag Reis, aber nur manchmal Fufu. Meine Heimat ist das westliche Liberia – ich gehöre zur Volksgruppe der Belle – und bei uns ist es eher üblich, nur das Reisgericht zu essen, während in anderen Regionen unbedingt Fufu zu den Mahlzeiten (aus Reis) dazu gehört.

Frage 3: *Warst du schon einmal im Dschungel?*

Nein, Toby Little, ich war noch nie im Dschungel, aber im Wald des Bezirks Gbarpolu im westlichen Liberia. Bis zu meinem zwölften Lebensjahr habe ich meine älteren Brüder oft zur Jagd oder Feldarbeit begleitet.

Ich hege die Hoffnung, dass meine Antworten dein Projekt bereichern werden.

Mit aufrichtigen Grüßen

Francis

(Kontaktperson aus Liberia für den kleinen Jungen, der an die ganze Welt schreibt)

Libyen

Hassan hat sich für Toby besonders viel Mühe gegeben
und ihm eine Landkarte, eine Anstecknadel mit Landesflagge,
bunte Briefmarken und jede Menge Fotos geschickt.
Am liebsten würden wir gleich aufbrechen und uns die
Felszeichnungen in der Wüste Sahara anschauen!

Brief an Hassan

Hallo Hassan,

wie geht es dir? Hast du schon die Felsmalerei in der Sahara gesehen?
Was für Essen gibt es in Libyen?
Tschüss

Toby

Antwort von Hassan

An meinen Freund Toby,
mir geht es sehr gut, danke. Ich habe mich so darüber gefreut, deinen Brief zu bekommen. Du hast eine schöne Handschrift. Ich hoffe, meine wird eines Tages auch so gut sein. Ich bin 19 Jahre alt und möchte gern Journalist werden. Also bin ich dankbar für diese Gelegenheit, meine Schreibfähigkeiten zu üben. ☺

Ich komme aus einer Stadt namens Towcara im Osten des Landes. Auf der Karte, die ich mitgeschickt habe, kannst du sie finden. Sie ist sehr schön und berühmt für ihre alten Gebäude, die vor sehr langer Zeit errichtet wurden.

Um deine Frage zu beantworten: Ja, ich habe die Felszeichnungen in der Wüste Sahara gesehen. Sie sind erstaunlich.

Manche Felszeichnungen sind 12.000 Jahre alt.

Schnell wie der Wind sind diese Reiter in traditioneller libyscher Kleidung.

Ein anderer Ort, von dem du vielleicht gehört hast, sind die großen Seen der Oase Ubari. Sie sind so besonders, weil sie mitten in der Wüste liegen. Es gibt vier davon. Einer heißt Quabar Ouu und ist so salzig, dass man ruhig auf dem Wasser liegen kann, ohne unterzugehen. Das macht großen Spaß. Die Wüste ist cool. Sie ist riesig, und bei Nacht sieht man nur die Sterne und den Mond, sonst nichts. Ich liebe übrigens Tiere. Eines davon nennt man auch das Schiff der Wüste, nämlich das Kamel. Wusstest du, dass die Kamelhirten mit ihnen quer durch die Wüste gehen? Manchmal sind sie drei Monate auf dem Weg, ohne einen anderen Menschen zu sehen.

Was gutes Essen angeht, nun, wir Libyer sind ganz verrückt danach. ☺ Eine meiner Lieblingsspeisen heißt Assida. Das ist ein Brei wie Porridge, aber etwas dicker. Und das Beste daran ist, dass man ihn mit den Fingern essen muss. Was sehr viel Spaß macht. Außerdem gibt es bei uns Bazeen aus Rindfleisch, Rishta-Nudeln, Couscous und Osban aus gefülltem Schafmagen.

In der Oase Ubari, mitten in der Wüste, gibt es riesige Seen.

Ich habe Bilder von allem beigefügt, was ich dir erzählt habe, und kleine Notizen auf die Rückseiten geschrieben.

Ich hoffe, die Ansteckenadel gefällt dir, und vielleicht kommst du eines Tages nach Libyen zu Besuch, dann können wir dir alle die wunderbaren Dinge zeigen, die es in unserem Land zu sehen gibt.

Hoffentlich konnte ich alle deine Fragen beantworten. Es war sehr schön, von dir zu hören. Danke, dass du mir geschrieben hast.

Dein neuer Freund aus Libyen

Hassan

Madagaskar

Madagaskar ist eines von Tobys Lieblingsländern,
und er kann es kaum erwarten, dorthin zu reisen.
Der Brief von Guno hat uns auf einem recht komplizierten Weg
erreicht, nämlich über Sarah, die in Gunos Dorf arbeitet und
bei dem Briefwechsel geholfen hat. Sie hat ihn ihrer Mutter
geschickt, die ihn an uns weitergesandt und noch ein eigenes
Schreiben dazugelegt hat. Toby war fasziniert davon, dass
Gunos Name ganz verschieden buchstabiert werden kann,
weil die Leute in seinem Dorf normalerweise
nichts niederschreiben!

Brief an Guno

Hallo Guno,
wie geht es dir? Gehst du noch zur Schule oder arbeitest du?
Was für wilde Tiere leben bei dir in der Nähe? Was gibt es zu essen?
Tschüss

Toby

Antwort von Guno

Hallo Toby,
wie geht es dir? Mein Name ist Guno. Ich bin 17 Jahre alt. Ich lebe in Manafiafy.

Ich arbeite an einer Waage für Hummer und Fische. Vorher war ich Schüler, aber jetzt nicht mehr. Ich habe Englisch durch SEED Madagascar in Manafiafy gelernt.

Die Tiere in meiner Nähe sind: Braine Lemur, Mausmaki, Wollmaki, Fettschwanzmaki. Auch Chamäleons und Schlangen. Alle diese Tiere gibt es bei meinem Dorf.

Mein Geburtstag ist im November. Ich wurde 1996 geboren. Ich mag Musik. Am liebsten Akon und Michael Jackson.

Danke sehr.
Auf Wiedersehen
Guno

✳

Antwort von Sarahs Mutter

Lieber Toby,

meine erwachsene Tochter Sarah arbeitet in Madagaskar und bringt den Menschen die Kunststickerei bei, damit sie etwas zu verkaufen haben und ihre Familien ernähren können.

Sie hat in dem Dorf viele Freunde gefunden. Einer davon ist Guno, der eine für Manafiafy typische Gitarre spielt, während Sarah trommelt. Ich habe dir ein Bild ausgedruckt, das aus einer Videoaufnahme von Sarah stammt und Guno zeigt. Er hat meine Tochter gebeten, seinen Brief an dich weiterzuleiten, weil es im Gebiet Sainte Luce keine Post gibt. Wenn du mehr darüber wissen willst, wo Guno lebt, kannst du dir die Homepage und Face-book-Seiten von SEED Madagaskar anschauen. Weitere Fotos, die Sarah gemacht hat, findest du auf der Website des Hilfsprojekts »Stitch Sainte Luce«, allerdings sind sie veraltet, da sie von ihrer Anfangszeit in Mada-gaskar vor über einem Jahr stammen. Sarah ist auf der Website von SEED abgebildet. Dort im Webshop gibt es auch einige Bilder der Stickereien.

Ich hatte noch nichts von deinem *Writing to the World*«-Projekt gehört, bevor Gunos und Sarahs Briefe bei mir auftauchten. Was für eine aufre-gende Sache!

Übrigens wird der Name Guno manchmal auch Juno buchstabiert. Die meisten Menschen im Dorf Manafiafy haben keinen Grund, schreiben zu lernen, bis auf ihre Unterschrift. Aber Guno ist zur Schule gegangen und kann ein bisschen Englisch. Sarah sagt, sein Name sei Gino, also wird er wohl so ausgesprochen. Seine Sprache heißt Malagasy, doch das Wort klingt wie »Malagasch«! Guno hilft Sarah bei Haus- und Gartenarbei-ten und hat jetzt auch einen richtigen Job. Wenn die Fischer vom Meer zurückkommen, wiegt er ihren Fang. Besonders Hummer lassen sich gut verkaufen und werden in die Hauptstadt Antananarivo weitergeschickt, deshalb müssen sie genau abgewogen werden.

Sarah liebt das Leben in Manafiafy und wird dort noch bis nächsten Juli bleiben. Manchmal skypt sie mit mir von der Stadt Fort Dauphin aus und erzählt von ihrem Dorf. Wenn ich das nächste Mal mit ihr rede, werde ich ihr mehr über *Writing to the World* berichten und sie wissen lassen, dass Gunos Brief und das Foto, das ich für sie ausdrucken sollte, bei dir angekommen sind.

Ich hoffe, es stört dich nicht, dass ich dir ebenfalls geschrieben habe, aber ich dachte, vielleicht möchtest du mehr über Guno und seine Heimat wissen. Bestimmt hilft deine Mutter dir dabei, in den Websites zu stöbern. – Hallo Mum, super gemacht!

Meine besten Wünsche für dein enormes Projekt

Maggie (Sarahs Mutter)

Malawi

Eimer arbeitet in Malawi als Krankenschwester und war
daher die perfekte Ansprechpartnerin, um Tobys Fragen
über verbreitete Krankheiten zu beantworten.
Von Malaria hatte er schon gehört, aber nicht von Bilharziose.
Beides klingt schrecklich, und Toby war froh, dass Eimer in
Afrika ist, um den Menschen zu helfen.

Brief an Eimer

Liebe Eimer,
wie geht es dir? Welche Krankheiten haben die Menschen in Malawi?
Was gibt es zu essen?
Tschüss

Toby

Antwort von Eimer

Lieber Toby,
vielen Dank für deinen Brief. Ich habe mich sehr über deine klugen Fragen gefreut!

Mir geht es ausgezeichnet, danke der Nachfrage. Hier ist es im Moment sehr heiß, aber bald wird es regnen und regnen und regnen, sodass überall Pflanzen wachsen und das ganze Land grün und wunderschön aussieht!

Sobald der Regen beginnt, beeilen sich die Leute in Malawi, ihre Felder zu beackern und zu bepflanzen. Eines der wichtigsten Nahrungsmittel ist Maize. Das ist eine Form von Mais, aber in England ist er ja normalerweise gelb, süßlich und wird einfach gekocht. Vielleicht hattest du schon einmal einen Maiskolben als Snack? Hier in Malawi ist der Mais weiß und wird zu Mehl verrieben. Daraus stellen die Leute einen Brei her, der Phala heißt und zum Frühstück gegessen wird. Außerdem gibt es noch eine weiße, harte Maismasse, die Nsima heißt und die man mit den Fingern isst! Man formt sie in den Händen zu einem Ball, dann drückt man sie flach und stippt sie in eine Soße. Die Malawier essen *jeden Tag* Nsima, zum Teil sogar zweimal täglich, nämlich zum Mittag- und Abendessen. Es macht sehr satt, sodass man den Rest des Tages keinen Hunger hat.

Außerdem essen die Malawier gern Kartoffeln, aber nur in Form von Chips! Am besten müssen sie sehr, sehr salzig sein. Davon würde dir die Zunge brennen und du müsstest literweise Wasser trinken!

Du hast mich nach Krankheiten in Malawi gefragt. Die meisten Menschen haben die gleichen gesundheitlichen Probleme wie in England, zum Beispiel Bauchweh oder Kopfschmerzen. Aber es gibt hier auch ein paar sehr schlimme Krankheiten. Besonders verbreitet ist Malaria. Die Menschen bekommen sie dadurch, dass sie nachts von Mücken gestochen werden.

Mit Glück juckt der Stich nur, aber falls man mit Malaria angesteckt wurde, fühlt man sich furchtbar schlecht. Den kranken Menschen wird sehr, sehr heiß – sie haben Fieber und der ganze Körper tut weh wie bei einer Grippe. Manchmal müssen sie ins Krankenhaus, wo man ihnen Medizin in die Adern spritzt, weil sie wegen der Übelkeit keine Tabletten vertragen. Mücken mögen Wasser, deshalb werden in der Regenzeit mehr Leute krank. Dann ist es überall feucht, und im Krankenhaus wird es sehr voll. Manchmal müssen Patienten auf dem Boden schlafen, weil es nicht genug Betten für alle gibt!

Eine andere Seuche ist auch sehr verbreitet. Sie heißt Bilharziose (ziemlich schwieriges Wort!). Die Krankheit wird von Schnecken übertragen, die hier im See leben. Kaum zu glauben, wie verbreitet sie ist, aber der See ist nun einmal riesig! Die Leute schwimmen darin, duschen sich darin, waschen ihre Kleidung darin und für manche Menschen ist es das einzige Wasser zum Trinken. Von der Krankheit bekommt man schlimmes Bauchweh, und das Pipi hat eine ganz komische Farbe!

Es gibt Medizin, die dagegen hilft, aber viele Malawier haben zu wenig Geld oder leben zu weit von einem Arzt entfernt, deshalb erholen sie sich nur schwer wieder.

Ich hoffe, damit konnte ich deine Fragen beantworten, und du hast dich über den Brief aus Malawi gefreut! Weiterhin viel Glück bei deinem Projekt!

Auf Wiedersehen, Eimer ☺

Marokko

Aus Marokko haben wir keinen Brief ausgesucht,
obwohl Toby auch nach Marokko geschrieben hat, sondern Fotos.
Wir hatten das Glück, selbst nach Marokko fahren zu können –
und so erlebte Toby das Land hautnah. Natürlich hat Toby
nur wenige von all den Ländern besuchen können,
an die er geschrieben hat. Sein Ziel ist dennoch, so viele
fremde Länder zu sehen wie möglich.

Zwei Tage verbrachte Toby auf dem Rücken eines Kamels.

Die Gewürze auf dem Markt in Marrakesch waren ein toller Anblick.

Sonnenschutz wurde natürlich ganz großgeschrieben — aber vielleicht sollte man die Sonnenmilch trocknen lassen, bevor man in den Dünen herumtollt!

Toby war normalerweise einer der Ersten, wenn es darum ging, Neues zu erforschen.

183

Ruanda

Sarah, Tobys Kontakt in Ruanda, arbeitet im
Akagera-Nationalpark. Ihre beiden kleinen Söhne erleben
täglich die wilde Tierwelt um sie herum – Toby hätte am
liebsten gleich seine Taschen gepackt!

AKAGERA
NATIONAL PARK
RWANDA

AKAGERA
NATIONAL PARK
RWANDA

Gemeinsam mit ihrem Brief schickte Sarah Postkarten. Die Bilder zeigen eine Auswahl der wilden Tiere, die im Akagera-Nationalpark leben.

AKAGERA
NATIONAL PARK
RWANDA

AKAGERA
NATIONAL PARK
RWANDA

Swasiland

Nach dem Brief von Cathy haben wir uns eine ganze Weile
darüber unterhalten, ob es wohl gut oder schlecht wäre,
vom König einen Heiratsantrag zu bekommen. Außerdem hat
Toby gelernt, dass in fremden Ländern vieles genauso ist wie
in seinem eigenen Leben – und manches sehr anders.

Brief an Cathy

Liebe Cathy,

wie geht es dir? Darf nur der König mehr als eine Frau heiraten?
Kennst du Mädchen, die für ihn beim Schilftanz mitgemacht haben?
Was gibt es bei dir zu essen?
Tschüss

Toby

Antwort von Cathy

Hallo Toby,

danke für deinen Brief. Mir geht es sehr gut und ich hoffe, dir auch. Deine Handschrift ist ausgezeichnet – bestimmt bist du gut in der Schule. Bestell deiner Mum bitte ein Dankeschön für die Postkarte. Ich fand es sehr spannend, von deiner Aktion zu hören, und hoffe, dass sie gut läuft. Aus wie vielen Ländern hast du denn schon Briefe bekommen?

Wir leben auf einer kleinen Farm und haben sechs Hunde, drei Katzen, sechs Pferde, neun Koi, also Zierkarpfen, viele Goldfische und einen Vogel, den man Breitschwanzlori nennt. Wir haben ihn Captain Jack Sparrow getauft (kennst du den Film *Piraten der Karibik*?), und er kann sagen: »Cap'n Jack«, »Hallo« und »Hör auf!«. Auf unserer Farm haben wir ein paar Ferienhäuser, die wir an Gäste aus der ganzen Welt vermieten, damit sie ein paar Tage in Swasiland verbringen und dieses wunderbare Land genießen können.

Traditionell kann ein Mann der Swasikultur so viele Frauen haben, wie er will, und dadurch auch sehr, sehr viele Kinder. Unter den älteren

Männern kommt das oft vor, aber die jüngeren sind zu der Erkenntnis gekommen, wie teuer eine Masse Kinder ist, schließlich muss man Essen, Kleidung und Ausbildung bezahlen. Deshalb entscheiden sich immer mehr von ihnen, nur einmal zu heiraten. König Mswati hat im Moment ungefähr 15 Frauen und eine riesige Menge Nachkommen. Ich weiß die genaue Zahl nicht, aber jedenfalls sind manche seiner Frauen jünger als manche seiner Kinder! Ich glaube, dieses Jahr beim Schilftanz hat er sich wieder eine neue Frau ausgesucht.

Mädchen, die kürzlich beim Schilftanz dabei waren, kenne ich nicht. Manche meiner Freundinnen waren allerdings als junge Frauen dabei und haben erzählt, wie farbenfroh und aufregend das Fest ist. Heutzutage wollen viele Familien ihre Töchter nicht mehr dorthin schicken, weil die Mädchen sich lieber um die Schule und ihre Berufsausbildung kümmern sollen. Wenn der König ein Mädchen zu seiner Frau erwählt, muss sie für die Hochzeit alle anderen Lebenspläne aufgeben.

Bei uns in der Familie essen wir ähnlich wie bei euch, nehme ich an. Es gibt große Supermärkte, und dort stehen die meisten Lebensmittel, die man auch in England bekommt. Die Swasi essen vor allem eine Art steifen Brei aus Maize-Mehl (das ist so ähnlich wie Mais). Dazu gibt es Saucen aus Gemüse, z. B. Zwiebeln, Tomaten und Spinat. Manchmal wird auch Fleisch über dem offenen Feuer geröstet. Ansonsten sind typische Speisen: Brot, Reis, Bohnen, Eier und Früchte, z. B. Pawpaw (ähnlich wie Papaya) und Bananen. Die Swasi trinken gern Tee mit viel Zucker und Milch, aber fast niemand trinkt Kaffee. Wenn wir auf unserer Farm das Weihnachtsfest für die Arbeiter veranstalten, dann essen sie *unglaubliche* Mengen Braai-Fleisch (Braai heißt, dass draußen gegrillt wird) und Hühnchen mit Salat, dazu gibt es als besondere Leckerei literweise Cola und Limonade.

Ich schicke dir in meinem Brief auch eine Ausgabe der Zeitschrift *Swaziland Discovery*. Sie wird für die Touristen gedruckt und enthält ein bisschen mehr Informationen und viele Fotos von Swasiland. Ich hoffe, du blätterst sie einmal durch.

Alles Gute, Cathy (Buhleni Farm, Swasiland)

Tansania

Der Brief von Jean gehörte zu den allerersten, und Toby
ist seitdem entschlossen, Tauchen zu lernen! Außerdem hat ihr
Zeichentalent ihn sehr beeindruckt. Durch Jean hat Toby das
erste Mal gehört, dass man Naturschützer von Beruf sein kann,
und genauso erstaunlich war ihr beiläufiger Satz »Falls du mal
nach Tansania kommst«. Erst dadurch wurde ihm anscheinend
klar, dass er die ganzen Orte, an die er schrieb, eines Tages
auch besuchen könnte. So wurden sie gleich viel realer.
Die Idee geriet allerdings ein bisschen außer Kontrolle, denn
Toby beschloss augenblicklich, dass fast jedes Land der Erde
einen Besuch wert sei!

Brief an Jean

Hallo Jean,
wie geht es dir? Kannst du tauchen? Was war das faszinierendste Meerestier, das du je gesehen hast? Hast du einen Beruf?
Tschüss

Toby

Antwort von Jean

Lieber Toby,
vielen Dank für deinen Brief! Ich freue mich sehr, weil ich bei diesem tollen, spannenden Projekt mitmachen kann, das du dir ausgedacht hast. Hoffentlich kannst du von den verschiedenen Ländern eine Menge lernen!

Okay, dann fangen wir mal direkt mit deinen Fragen an. Kann ich tauchen? Damit meinst du wahrscheinlich Gerätetauchen – mit einem Sauerstofftank, sodass man eine lange Zeit tief unter Wasser bleiben kann. Das habe ich noch nicht probiert, aber ich liebe Schnorcheln. Oft gehe ich bei den Riffen in der Nähe von Kilwa schwimmen. Die Farben sind wunderschön! Ich kann Stunden damit zubringen, über den Korallen zu treiben und Ausschau nach neuen Arten von Fischen, Seesternen, Krebsen und Korallen zu halten, die ich noch nie gesehen habe.

Das seltsamste Geschöpf, das mir bisher begegnet ist, war eine purpurfarbene Qualle. – Ich habe ein Foto mitgeschickt, damit du sie dir besser vorstellen kannst. Sie sah aus wie ein pink-durchsichtiger, mit Quaddeln besetzter Fußball, der einen rostbraunen Rock anhat! Man hatte den Eindruck, sie müsste eigentlich aus Plastik oder Gummi bestehen. Ich habe sie nicht beim Schnorcheln entdeckt, sondern im flachen Wasser bei einem Strandspaziergang. Die Natur bringt wirklich erstaunliche Geschöpfe hervor!

Nebenbei noch ein paar (mehr oder weniger interessante) Fakten über mich: Meine Lieblingsfarbe ist Grün, ich LIEBE Mangos, ich habe noch nie in einer Stadt gelebt, meine erste Auslandsreise ging nach England, ich bin ein Naturfan und möchte eines Tages am liebsten als Naturschützerin arbeiten.

Ein wirklich erstaunlicher Meeresbewohner!

Im Moment bin ich die Managerin eines kleinen Safarihotels an der Küste mit Blick über den Mangrovenwald. Außerdem helfe ich als Freiwillige bei ein paar örtlichen Umweltorganisationen mit.

Falls du mal nach Tansania kommst, solltest du dir auf jeden Fall den Serengeti Nationalpark und den Ngorongoro Krater anschauen. Zum Programm gehört auch unbedingt ein Besuch des Ol Doinyo Lengai (ein fast erloschener Vulkan, der von den Massai als heilig verehrt wird), ein Schmaus aus exotischen Küstenfrüchten sowie eine Segeltour mit einer Dhau (diese Boote werden an der ganzen ostafrikanischen Küste benutzt).

Ich hoffe, mein Brief kommt irgendwann bei dir an und geht nicht im afrikanischen Postsystem verloren! Viel Glück mit deinen ganzen anderen Briefen!

Ich werde online schauen, wie es bei dir weiterläuft!

Mit vielen Salams und besten Wünschen

Jean

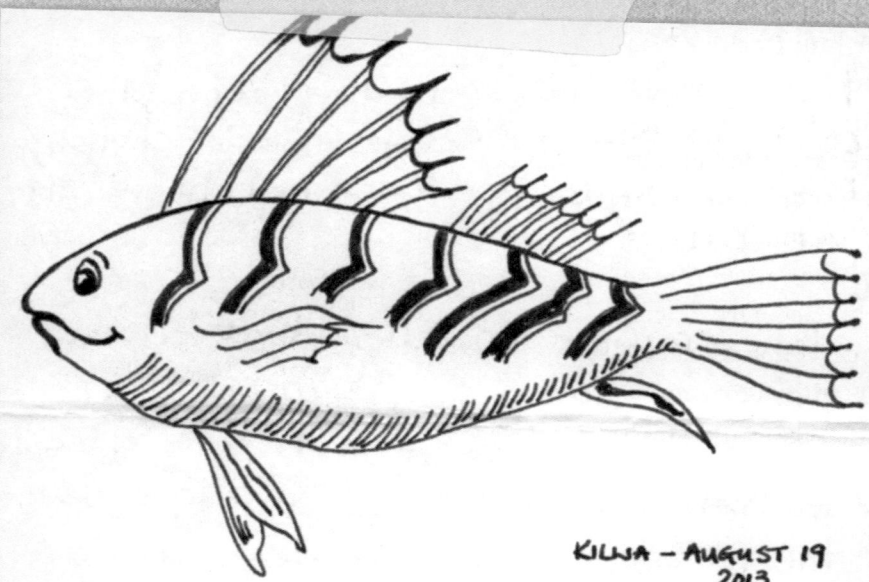

KILWA – AUGUST 19
2013

Dear Toby,

Thank you so much for your letter! I am so excited and happy to be apart of this wonderful thing you are doing. I hope you learn lots from the different countries!

So lets get straight to answering the questions shall we? Do I dive? I do not scuba dive, which is where you use a tank full of oxygen to be able to go deep under the water for a long time. I do, however, love snorkelling, and go out often to swim over the reefs near Kilwa. The colours are so beautiful!

Togo

Stephanie ist Lehrerin an einer internationalen Schule.
Die Kinder ihrer Klasse, die Toby geantwortet haben,
waren nur ein bisschen älter als er. Wir waren von der Idee
begeistert, dass uns alle einen Punkt aufgelistet haben,
der sie und ihr Leben beschreibt. Wenn man darüber nachdenkt,
ist es ganz schön kniffelig, nur einen einzigen Satz
über sich selbst zu schreiben!

Brief an Stephanie

Liebe Stephanie,

wie geht es dir? Warst du schon im Tamberma-Tal? Was gibt es bei euch zu essen? Wie ist eure Schule? Was tun die Kinder im Nachbarschaftsprogramm? Tschüss

Toby

Toby liebt diese Postkarte. Vielleicht weil es solche Taxis in England eher selten gibt.

Antwort von Stephanie

Lieber Toby und Familie,
ich hoffe, beide Ansichtskarten kommen bei euch an!

 Meine Klasse fand es sehr aufregend, Post von dir zu bekommen, und wollte dir mehr über Togo und sich selbst erzählen:

➡ Aensa – Unsere Schuluniform ist blau.

➡ Ted – Manchmal bekommen wir zum Mittagessen Pommes und Burger.

➡ Sarah – Hier ist es immer heiß.

➡ Emrys – Ich liebe Reis, weil er lecker schmeckt.

➡ Jason – In unserer Klasse sind 14 Schüler.

➡ Yannis – Ich mag Fußball.

➡ Ella – Ich lebe am Strand.

➡ Nathan – Ich komme mit dem Fahrrad zur Schule.

➡ Keerhanaa Shri – Ich habe den längsten Namen in der Klasse.

➡ Geraud – Ich werde J.J. genannt.

➡ Esoliim – Ich kann das Einmaleins und die Fünferreihen.

➡ Ephraim – Ich habe zwei Hunde.

➡ Rohey – Ich spreche Französisch.

➡ Hamza – Ich liebe Schokolade.

 Wir hoffen, dass dir unser Brief gefällt,
 Stephanie & Klasse 2

Tschad

In diesem Brief war für Toby das wunderbarste Geschenk überhaupt versteckt. Lorna hat nicht nur alle seine Fragen beantwortet, sondern ihn auch wissen lassen, dass einer der wilden Elefanten vor Ort nun nach ihm benannt worden ist. Für Toby war das natürlich unglaublich cool!

Brief an Lorna und Rhian

Hallo Lorna und Rhian,
wie geht es euch? Wozu braucht ihr im Nationalpark ein Flugzeug?
Wo geht ihr hin, um euer Essen zu bekommen?
Was tut ein Scout?
Tschüss

Toby

Antwort von Rhian und Lorna

Lieber Toby,
vielen Dank für deinen Brief. Und ein Lob an dich, weil du so ein großes Projekt gestartet hast. Die Idee ist wirklich toll.

Das Foto zeigt ein paar wilde Elefanten, die oft zu unserem Haus kommen, um Wasser zu trinken. Sie benutzen sogar den Gartenschlauch, wenn wir ihn für sie hochhalten! Den kleinsten Elefanten in der Mitte haben wir nach dir Toby genannt.

Wir benutzen das Flugzeug für Patrouillen, um Wilderer zu stoppen. In einem Nationalpark sollen die Tiere geschützt werden, deshalb muss man böse Menschen daran hindern, hineinzukommen und Elefanten zu töten. Bei den Elefanten geht es den Jägern um die Stoßzähne, die auch Elfenbein genannt werden. Andere Tiere werden für ihr Fleisch oder ihr Fell erschossen. Unser Job als Naturschützer besteht darin, die Wilderer vom Töten abzuhalten. Deshalb fliegen wir mit dem Flugzeug an der Grenze des Parks entlang oder um die Elefantenherden und anderen Tiere herum – immer auf der Suche nach Anzeichen, ob Wilderer in der Gegend sind.

Außerdem benutzen wir das Flugzeug, um Vorräte an Orte im Park zu bringen, die nicht mit dem Auto angefahren werden können. Dazu benutzen wir elf kleine Landebahnen mitten in der Wildnis. Hier ist ein Foto von einem der Flugzeuge auf einer Buschpiste, zusammen mit einigen unserer Scouts. Die Maschine ist eine Cessna 180 – ein sehr gutes Flugzeug, wenn man nur eine kurze, unebene Landebahn hat. Deshalb nennt man sie auch einen »Buschflieger«. Wir landen sie sogar an Orten, wo es überhaupt keine Piste gibt! Die großen Reifen helfen der Maschine bei rauem Gelände. Die Cessna auf dem Foto wird vom Verwalter des Nationalparks Zakouma geflogen.

Die Scouts, die man im Foto sehen kann, patrouillieren am Boden und halten ebenfalls Ausschau nach Wilderern oder verbotenen Aktivitäten. Sie überwachen den Park zu Fuß, auf Pferden, Fahrrädern oder Motorrädern. Ihre Teams von jeweils sechs Mann verbringen immer sieben Tage im Busch und legen dabei große Entfernungen zurück. Sie sind sehr wichtig, denn ohne sie könnten wir die Wildtiere nicht beschützen.

Wir kaufen unser Essen in zwei Städten – in einem kleinen Ort namens Am Timan, der anderthalb Autostunden von unserem Haus entfernt liegt. Weil es dort aber nur wenige Läden gibt, kaufen wir auch in der Hauptstadt des Tschad ein, die N'Djamena heißt. Sie ist ebenfalls nicht groß genug, um alles zu bekommen, was wir brauchen. Aber Essen gibt es für uns ausreichend. Es wird behauptet, N'Djamena sei zurzeit die teuerste Stadt der Welt! Kaum zu glauben! Unser Essen ist sehr einfach: viel Reis und Gemüse. Aus dem Tschad kommen besonders leckere Mangos und Wassermelonen, also gibt es die bei uns oft. Wir fahren nur ungefähr zwei- bis dreimal pro Monat zum Einkaufen, deshalb bewahren wir viele Lebensmittel im Gefrierschrank und in unserer Vorratskammer auf.

Ich hoffe, damit konnte ich deine Fragen beantworten, Toby, und dass dir die Fotos gefallen. Am Ende des Briefes folgt noch ein Bild von meinem Ehemann, dem Parkmanager, der einen Elefanten vor unserem Haus mit Wasser versorgt! Wir leben nun seit über 30 Jahren im Busch von Afrika, und so hat sich vorher noch kein wilder Elefant benommen! Ziemlich einmalig, oder?

Alles Liebe, Rhian und Lorna

Im Juli 2016 hat Toby ein zweites Mal an Lorna in Tschad geschrieben, und Lorna hat ein neues Foto von dem Elefanten geschickt, der nach Toby benannt wurde. Er ist rechts im Bild.

Uganda

Dieser Brief wurde per »Privatpost« weitergeleitet. Vielen Dank an die wunderbar hilfsbereite Laura! Während wir uns das Waisenheim und das Land im Internet angeschaut haben, wurde Toby klar, dass viele seiner üblichen Fragen voraussetzen, die Empfänger könnten Ausflüge oder Eintrittsgelder bezahlen. Deshalb hat er sich in diesem Brief nur auf den Alltag, auf Spiele und Essen konzentriert, und die Antworten haben ihm geholfen, das Leben anderer Kinder auf der Welt besser zu verstehen.

Brief an das Waisenheim »Haus der Liebe«

Hallo an alle!

Wie geht es euch? Geht ihr zur Schule?

Habt ihr Spielsachen? Was gibt es bei euch zu essen?

Wie ist das Haus, in dem ihr lebt?

Tschüss

Toby

Antwort vom Waisenheim

Lieber Toby,

uns geht es *kawa* (sehr gut). Und dir? Oh! Ich danke für deine Begrüßung. Ich mag dein Foto sehr. Du siehst klug aus.

Ja, ich gehe zur Schule und lerne gern und bin in der achten Klasse an einer schönen Schule mit Namen »Kichwamba High School«. Unser Motto ist ERFOLG IST UNSER ZIEL, aber ich habe das Problem, dass ich nicht alles, wie Kleidung, Schuhe usw., bezahlen kann. Und ich habe Spielzeug, aber nicht genug.

Ich hatte vergessen zu sagen, dass ich »Doktor« werden und Menschen helfen möchte, weil in Uganda alle Freunde sind. Ich esse gern Bohnen, Reis, Postio, Hirse, Maniok, Maize, Schokoladenkeks, Brotfladen, Fisch, Fleisch, Yams, Sorghumhirsen, Bananen, Sukuma Wiki, Nüsse, Tomaten, Gemüse. Oh, es gibt so vieles. Falls möglich, komm doch vorbei, dann essen wir das zusammen.

Du hast nach Häusern gefragt, sie sind nicht sehr fest. Das heißt, sie werden mit dornigem Gras bedeckt und mit Erde wie Lehm beschmiert.

Wenn sie kaputt sind, ist nichts mehr zu retten, und selbst wenn ich wünsche, England zu besuchen, ist es nicht möglich.

Auf Wiedersehen, Toby, und möge Gott dir seinen Geist schenken, und ich habe Liebe für dich. Falls es geht, schreib mir weiter, und ich werde es auch machen. Danke sehr, möge Gott, der Schöpfer von Himmel und Erde, deine Zukunft segnen.

Aus HAUS DER LIEBE AFRIKA

VON NINYESIGA GODFREY

Name bedeutet: Ich vertraue auf GOTT.

Lieber Toby,

wie geht es dir und wie ist dein Leben? Also für mich: Ich bin okay.

Ja! Ich gehe zur Schule. Ich bin in Klasse P5. Nein, ich habe keine Spielsachen, und ich mag Bananen, Süßkartoffeln, Yams, Ugali, Reis und süße Kokosbälle.

Ich lebe in einem Haus, das für kurze Zeit gebaut ist.

Mein Gott mag dich segnen. Danke.

Ich heiße Magret.

Kreolischer Hühnereintopf mit Tomaten

Dieses Rezept hat uns Steven aus Mauritius geschickt, gemeinsam mit ein paar Tee-beuteln und einer Anstecknadel. Steven hat uns erzählt, dass in Mauritius viele Kultu-ren aufeinanderstoßen, deshalb sind die Rezepte oft ein Mischmasch aus vielen ver-schiedenen Ländern. Toby fand den frischen Ingwer besonders toll.

Zutaten für 4 Portionen

2 EL Olivenöl
1 kleine Zwiebel und 2 Knoblauchzehen, fein gehackt
1 Stück Ingwer (2 cm), fein gehackt
1 EL frischer Thymian, 1 rote Chili, fein gehackt; 1 Zimtstange
1 mittelgroße Tomate, gehackt
400 ml zerkleinerte Dosentomaten
je 1 EL Korianderblätter und Korianderstiele (fein gehackt)
150 ml guter Weißwein
1 TL Zucker; 1 Würfel Bio-Hühnerbrühe
2 mittelgroße Kartoffeln, geviertelt
450 g Hühnerschenkel, Knochen und Haut entfernt, gestückelt

Zubereitung

Das Öl in einer großen Pfanne auf mittlerer Stufe erhitzen. Die Zwiebel hinzufügen und ein paar Minuten anbraten lassen, dann mit Knoblauch und Ingwer vermischen. Thymian, Chili, Zimtstange und frische gehackte Tomaten hinzufügen und weitere 2 Minuten köcheln lassen.

Danach Dosentomaten, Korianderstiele, Weißwein und Zucker hinzufügen und den Brühwürfel hinein bröseln. Alles gut durchrühren, dann 5 Minuten ziehen lassen.

Die Kartoffeln und Hühnerstücke hinzufügen, abdecken und auf kleiner Stufe ungefähr 20 bis 25 Minuten ziehen lassen. Falls die Sauce eintrocknet, etwas Wasser hinzufügen, damit sie wieder flüssig wird.

Wenn das Huhn durchgekocht und die Kartoffeln weich sind, alles nach Geschmack würzen und die Zimtstange entfernen. Vom Herd nehmen, frische Korianderblätter als Garnierung verwenden und mit Reis servieren.

Rezept aus Marokko:
Zaalouk

Zaalouk ist ein Auberginen-Tomaten-Salat. Wir haben dieses leckere Rezept von Mimi aus Marokko bekommen. Wie sich beim Zubereiten herausstellte, sind Auberginen perfekt, wenn ein kleiner Junge beim Gemüseschneiden helfen will – nicht zu hart und nicht zu rutschig. Wir haben den Salat zu einem späten Mittagessen bzw. einem Nachmittags-Snack gemacht und waren begeistert!

Zutaten für zwei Personen

2 Auberginen
2 Tomaten
2 Knoblauchzehen
Öl, Salz, Pfeffer
Kreuzkümmel, Paprikapulver
Frischer Koriander oder Petersilie
Essig

Zubereitung

Auberginen, Tomaten und Knoblauch in Würfel oder Scheiben schneiden. Alles auf einem Backblech mit etwas Olivenöl, Salz und Pfeffer mischen. Ungefähr 20 Minuten bei 180 Grad rösten. Das Gemüse aus dem Ofen nehmen und in einer Pfanne mit Olivenöl, Kreuzkümmel, Paprikapulver, Salz, Koriander (oder Petersilie) und einem kleinen Schuss Essig bei mittlerer Hitze etwa 15 Minuten anbraten lassen. Anschließend einen Brei daraus stampfen. Man kann Zaalouk kalt oder warm essen, am besten mit einem schön gerösteten Brot. Mimi schreibt: »Noch besser schmeckt es, wenn man mit den Fingern isst (natürlich erst die Hände waschen und man benutzt nicht alle fünf Finger … das ist eine echte Kunst!).

MITTLERER OSTEN UND ASIEN

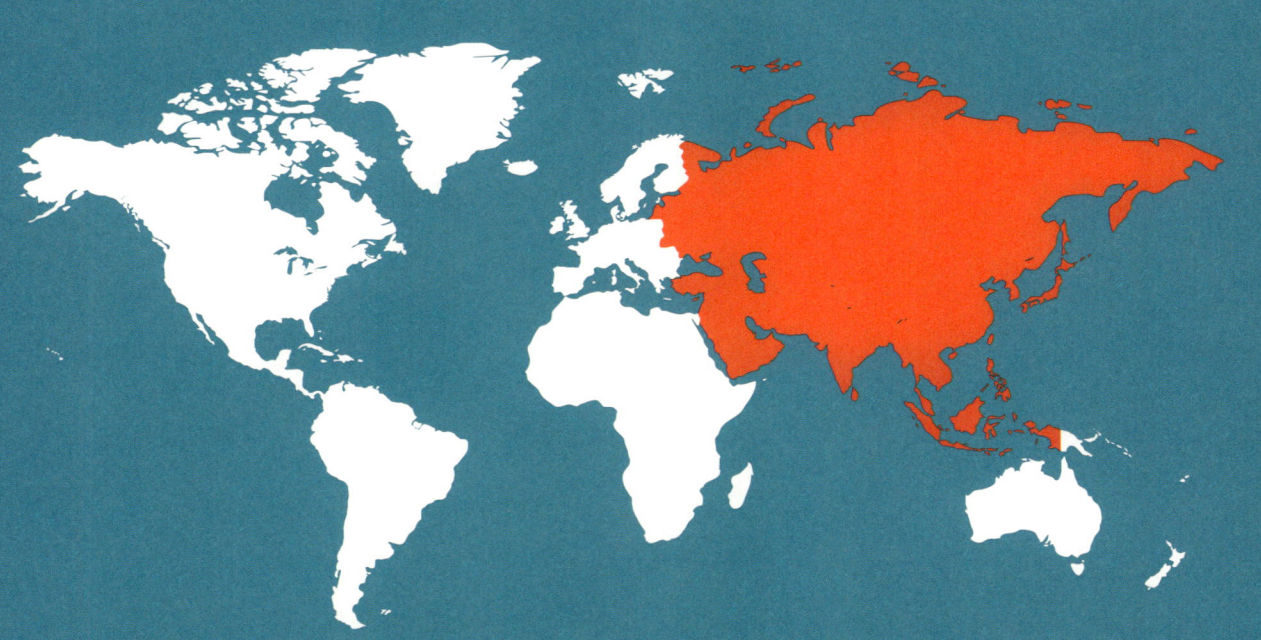

Afghanistan

James ist zurzeit als Soldat in Afghanistan stationiert.
Er war Tobys dritter Versuch, an das Land zu schreiben.
Zuerst haben wir es mit einer Schule in Kabul und danach mit
einem US-Soldaten probiert. Wir wissen nicht, was mit
dem ersten Brief geschehen ist, aber der zweite kam mit dem
Vermerk »nicht zustellbar« zurück. James konnte für uns
ein bisschen Licht auf die Situation in Afghanistan werfen,
zumal er eine Sprache benutzt hat, die selbst
ein kleiner Junge verstehen kann.

Brief an James

Lieber James,

wie geht es dir? Was tust du in deiner Freizeit? Wie kannst du mit den Einheimischen reden? Spielen die Kinder in den Dörfern auch Fußball? Was machst du in Afghanistan? Was für Essen gibt es bei euch?
Tschüss

Toby

Antwort von James

Hi Toby,

und wie geht es dir? Mir geht es sehr gut, danke. Ich bin jetzt seit fast drei Monaten in Afghanistan. Als Offizier bei der Armee kümmere ich mich zurzeit um 24 Soldaten. Wir sind in der Hauptstadt Kabul stationiert. Unser Job besteht darin, der Regierung bei ihrer Arbeit für die afghanischen Menschen zu helfen, während sie z. B. neue Krankenhäuser und Schulen bauen.

Die vorigen zwei Male war ich in einer Provinz (das ist wie ein englischer Landkreis) namens Helmand. Dort waren die Menschen sehr arm. Ganze Großfamilien wohnten in Häusern aus Erde zusammen. In dieser Gegend gab es einige sehr böse Leute, gegen die wir kämpfen mussten. Die Einheimischen in Helmand haben *Paschto* gesprochen – das ist im Süden von Afghanistan und in Teilen von Pakistan verbreitet. Hier in Kabul sprechen die Leute meistens *Dari*. Diese Sprache ähnelt dem *Farsi* aus dem Iran.

Die Kinder spielen Fußball, aber am liebsten mögen sie Cricket. Dieses Jahr hat Afghanistan es sogar bis zum Cricket World Cup geschafft!

Ich habe Glück, weil wir unser Camp mit den Amerikanern teilen, und dadurch bekommen wir viel gutes Essen. Die anderen beiden Male habe ich immer mit den Einheimischen gegessen. Da gab es vor allem Reis oder Brot mit Hühnchen und Gemüse.

Ich finde, dein Briefe-Projekt ist sehr beeindruckend und inspirierend. Es freut mich, dass ich dir bei einem Land helfen konnte.

James

Bangladesch

Den Brief von Sifat haben wir ebenfalls recht früh bekommen.
Toby würde unheimlich gern nach Bangladesch reisen
und die Tiger sehen. Bemerkenswert war auch, wie Sifat
den Beruf eines Chirurgen im Kinderkrankenhaus für einen
(damals) Fünfjährigen beschrieben hat!

Brief an Sifat

Hallo Sifat,

wie geht es dir? Hast du schon einmal einen Bengalischen Tiger gesehen? Wie ist das Essen in Bangladesch?

Tschüss

Toby

Antwort von Sifat

Lieber Toby,

hallo, wie geht's, du cleveres Kerlchen? Mir geht es prima. Grüß deine Mum und deine Familie von mir.

Meinen Namen und Beruf kennst du ja schon. Ich erkläre alles noch mal genauer. Ich heiße Sifat und bin Arzt. Ich lebe in einer kleinen Stadt, ganz allein für mich selbst. ☺ Meine restliche Familie lebt in der Großstadt. Ich arbeite in einem Krankenhaus und bin Kinderchirurg. Das heißt, ich mache Kinder wieder heil, wenn etwas an ihnen kaputt ist.

Hier auf dem Land sind die Menschen sehr einfach und wissen manchmal nicht, wie man gesund und hygienisch lebt, also werden sie krank. Verbreitet in Bangladesch sind Diarrhoe (starker Durchfall durch Lebensmittelvergiftung), Tuberkulose und mehrere Tropenkrankheiten. Weißt du, wie man gesund und hygienisch lebt?

Im südlichen Teil von Bangladesch gibt es einen Wald namens Sundarban. Er ist wunderschön, und dort wohnen die Bengalischen Tiger. Man nennt sie auch Königstiger, weil sie so groß, wild und stark sind. Trotzdem sehen sie auch elegant und schön aus. Ich habe sie bisher nur im Zoo angeschaut. Aber mein Wunsch ist schon lange, den Wald zu besuchen und einen Tiger dort zu sehen, wo er hingehört, nämlich im Sundarban. Dort gibt es auch Hirsche, Krokodile und viele Vögel.

Hier in Bangladesch haben wir viele leckere Speisen. Meistens essen wir Reis, Linsensuppe und verschiedene Gemüsecurrys. Mahlzeiten gibt es dreimal am Tag. Das Frühstück besteht normalerweise aus *Chapati* (Fladenbrot), Eiern, Gemüsecurry und natürlich Tee. Zum Mittag- und Abendessen gibt es Reisgerichte. Bangladesch ist ein Land mit unzähligen Flüssen. Deshalb bekommen wir viel Fisch und essen ihn sehr gern. Magst du Fisch, kleiner Freund?

Lieber Toby, ich habe mich sehr gefreut, dir zu schreiben. Und ich stelle mir dabei die ganze Zeit vor, wie du wohl aussiehst. Also schick mir nächstes Mal bitte ein Foto. Ich habe dir meines beigelegt, außerdem noch einige Bilder, die dir Bangladesch besser zeigen.

Jetzt sind wir Brieffreunde, also schreib mir bald zurück. Ich warte mit Freude auf deine Antwort.

Sei immer ein guter Junge, hör auf deine Eltern, und sei nett und rücksichtsvoll zu deinen Freunden.

Liebe Grüße

Sifat (Fardipur)

①

03.10.2013
FARIDPUR

Dear Toby,

Hey there smart boy, how are you? I am fine. Give your mom and your family my best regards.

You have already known my name and what I do. I'll explain some more. My name is Sifat Zereen Khan. I am a doctor. I live in a small town alone, all by myself. ☺ My family lives in a big city. I work in a hospital and I am a Pediatric Surgeon. I fix up sick kids.

HELLO TOBY

...are very ...times. ...its so ...sickness ...rrrhea ...s and ...do you ...habits? ...of ...st, named ...tiful. ...gal ...r is. ...rower- ...l and ...en ...says ...d see ...ce, that ...s the sundarban. In the forest of sundarban, there is also Deer, crocodiles, and many birds.

Bhutan

Die Mutter von Ugyen und Jamtsho hat uns wissen lassen,
dass beide Jungs ganz begeistert davon waren, Toby zu schreiben.
Seinem ersten Brief folgten weitere, und inzwischen haben wir
die Erfahrung gemacht, dass die Post jedes Mal ungefähr drei
Monate braucht. Also wird Toby im Laufe der Zeit hoffentlich
noch eine Menge mehr über Bhutan lernen.

Brief an Ugyen und Jamtsho

Hallo Ugyen und Jamtsho,
wie geht es euch? Ist Dzongkha eine schwierige Sprache? Wie sagt man »Mein Name ist Toby« auf Dzongkha? Mögt ihr Malen und Kunst? Was malt ihr am liebsten? Wie sieht eure Kleidung aus? Habt ihr das Erdbeben in Nepal gespürt?
Tschüss
Toby

Antworten von Ugyen und Jamtsho

Lieber Toby,
mir geht es gut. Ich hoffe, dir auch. Dzongkha ist schwer zu schreiben, aber einfach zu lesen. Manchmal zeichne ich, am liebsten Blumen, Bäume, Flüsse und Berge. Ich trage meistens eine Hose und ein Shirt. Ich habe das Erdbeben gespürt. Was magst du für Spiele?
    Tschüss
    Ugyen

Lieber Toby,
mir geht es gut. Ich hoffe, dir auch. Dzongkha ist schwer zu schreiben, aber einfach zu lesen. Ich zeichne gern Comics. Ich habe Hosen und Shirts, aber lieber trage ich den Gho. Das ist unsere Nationaltracht. Ich habe das Erdbeben in Nepal auch gespürt.
    Tschüss
    Jamtsho

I am studying in class PPD.
My school name is DRUK school.
what is your school name?

Die Zeichnung hat Jamtsho seinem Brief beigelegt.
Toby staunte sehr über die ordentliche Schrift.

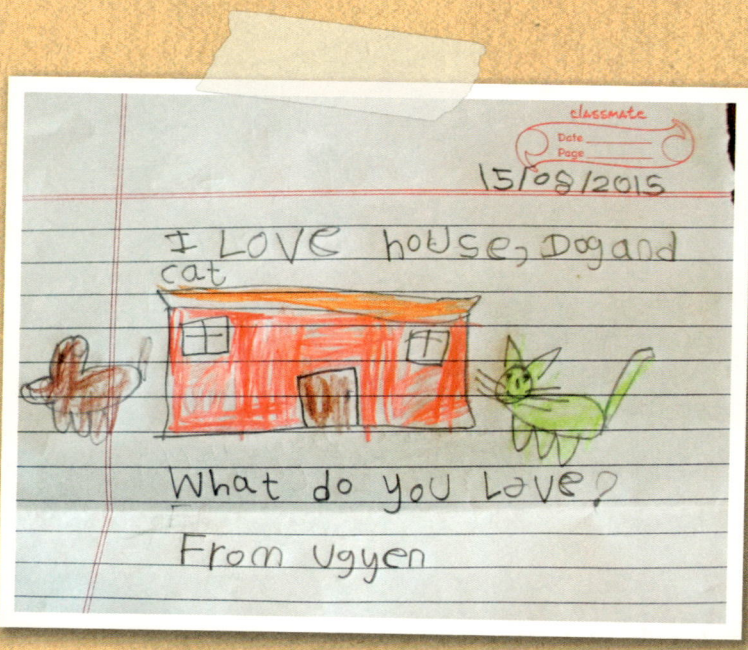

15/08/2015

I LOVE house, Dog and cat

What do you Love?

From Ugyen

Der kleine Ugyen ist ein Philosoph:
Haus, Hund, Katze — um glücklich
zu sein, braucht man nicht viel.

Brunei

Manchmal sprudeln beim Recherchieren eines Landes
die Fragen nur so aus Toby heraus und ergeben ein
lustiges Kuddelmuddel. Sein Brief an Clare ist ein gutes Beispiel.
Auf Fragen nach der Religion folgt gleich darauf eine zu den
Landesspeisen. Und natürlich will Toby unbedingt das Haus
sehen, das eine Teekanne als Dach hat!

Brief an Clare

Liebe Clare,

wie geht es dir? Trägst du ein Kopftuch? Leben in Brunei viele Moslems? Hast du schon mal etwas gegessen, das in ein Blatt gewickelt war? Isst man das Blatt auch? Hast du den Sultan gesehen? Wozu ist das Haus gut, das eine Teekanne als Dach hat?

Tschüss

Toby

Antwort von Clare

Lieber Toby,

ich hoffe, dir geht es gut! So ein Projekt zu starten, ist wirklich beeindruckend! Dieser Brief aus Brunei ist hoffentlich ein weiteres Häkchen auf deiner Länderliste. Ich lebe hier seit acht Jahren, aber eigentlich komme ich aus Surrey!

Im Moment ist Brunei besonders aufregend, weil wir auf den Anfang des Hari-Raya-Festes warten, das beginnt, sobald der Mond zu sehen ist. Die Atmosphäre erinnert an Weihnachten – überall in der Stadt ist Festbeleuchtung, und die Läden sind voller Schnäppchen!

In Brunei leben 450.000 Menschen, und die meisten sind Moslems, aber es gibt auch viele chinesische Einwohner und Exeuropäer – und wir alle sind eingeladen, an dem Fest teilzunehmen. Sogar der Sultan öffnet für zwei Tage seinen Palast, sodass man ihm begegnen kann. Jedenfalls, wenn man ein Junge ist wie du, denn die Frauen und Mädchen stehen in einer anderen Schlange, um seine Ehefrau zu sehen. Ich habe das auch einmal gemacht – eine spannende Erfahrung, aber das Schlangestehen hat drei Stunden gedauert!

Hier bedecken nur Moslemfrauen ihre Haare, also brauche ich kein Kopftuch. In meiner Schule haben die Mädchen die freie Wahl. Viele entscheiden sich dafür, aber manche auch dagegen. Allerdings gilt das nur für die internationale Schule, normalerweise tragen Schülerinnen ein Tuch, das jedoch immer ihr Gesicht frei lässt!

Ich habe den Sultan schon einige Male gesehen, da er sich gern herumfahren lässt. Wenn man ihm zuwinkt, dann winkt er freundlich zurück! Wir haben großes Glück, weil der Herrscher so ein netter, großzügiger Mann ist. Alle hoffen, dass sich nicht viel ändert, wenn er die Macht an seinen Sohn übergibt. Wer weiß schon, wann das passieren wird?!

Ich esse oft Hühnerfleisch, das in einem Bananenblatt gegart wurde. Das Blatt isst man nicht mit, aber es sorgt dafür, dass das Hühnchen ganz saftig und lecker schmeckt! Meine Lieblingsspeisen sind Rindercurry und *Nasi Lemak!*

Wir hatten großes Glück mit unserem neuen Zuhause, denn Brunei ist wunderschön. Oft unternehmen wir Ausflüge in den Regenwald – wo man jede Menge Tiere sehen kann, unter anderem Affen, Krokodile und Schlangen. Manchmal haben wir sogar Affen im Garten. Das klingt spannend, aber wir sind nicht gerade begeistert. Wenn man beim Haus eine Giftschlange entdeckt, darf man die Feuerwehr rufen – die heißt hier »*Bomba*« –, damit sie die Schlange zurück in den Dschungel bringen.

Ich glaube, das Gebäude mit der Teekanne ist die Moschee, die vom letzten Sultan gebaut wurde. Die Moscheen hier sind traumhaft, voller Gold und wertvoller Wandteppiche.

Vermutlich hast du für deine Schulferien schon aufregende Pläne? Wir können glücklicherweise viel verreisen, und Asien ist ein wundervolles Reisegebiet!

Damit habe ich hoffentlich alle deine Fragen beantwortet und wünsche dir, dass du dein Briefprojekt bald erfolgreich abschließen kannst.

Von Clare

China

Tobys erster Brief an China ging an die frühere
Kronkolonie Hongkong. Die Antwort von Ti Wei war in Englisch
und Mandarin geschrieben. Die chinesische Sprache und Kultur
schlug Toby sofort in ihren Bann. Im Sommer 2014 gab es in
Sheffield eine Sommeruni für Kinder, wo man eine Woche lang
nicht nur ein bisschen Mandarin lernen, sondern auch Tänze
ausprobieren, Filme gucken und Bilder malen konnte.
Der Veranstalter war das Konfuzius Institut, das auf der ganzen
Welt vertreten ist und die chinesische Sprache verbreitet.
Toby war begeistert und wollte unbedingt weitermachen.
Seitdem übt er fleißig Mandarin und hat große Freude daran.
Weil wir auch das Kernland von China im Buch
repräsentiert haben wollten, folgt nun ein Briefwechsel mit der
Internationalen Schule in Wuxi. China ist eines der Länder,
in die Toby auf jeden Fall reisen will, wenn er älter ist.

Brief an die Internationale Schule in Wuxi

Hallo, ihr alle,

wie geht es euch? Wie ist es an eurer Schule? Wart ihr schon beim Großen Buddha von Ling Shan? Was macht ihr in eurer Freizeit? Welches Essen gibt es bei euch?

Tschüss

Toby

Antworten von Miss McKee und der Kindergarten-Klasse

Lieber Toby,

danke, dass wir bei deiner Aktion mitmachen können!

Wir sind die einzige Kindergarten-Klasse an unserer Schule (die sehr klein ist) und haben 15 Kinder aus fünf verschiedenen Ländern – China, Amerika, Japan, Korea und Hongkong.

Der Unterricht dauert jeden Tag von 9:15 bis 15:30, und alle Kinder essen in der Schule zu Mittag. Die Bandbreite unserer Schüler reicht von Dreijährigen bis zur zwölften Klasse.

Ich war noch nicht beim Großen Buddha von Ling Shan, aber ich glaube, einige unserer Oberstufenschüler haben vor ein paar Jahren einen Klassenausflug dorthin unternommen. In unserer Schulkantine gibt es viele verschiedene Gerichte aus den drei Ländern, die bei uns am häufigsten vertreten sind – Korea, China & Amerika. Wir essen viel Reis (jeden Tag), Suppe (jeden Tag) und ansonsten z. B. Pizza, Pfannengemüse, *Bulgogi* (ein koreanisches Gericht aus Rindfleisch, Zwiebeln, Karotten und Sauce), verschiedene Fleischsorten, Brot und vieles mehr.

Ich habe ein paar Fotos für dich ausgedruckt. Das größte zeigt uns am Internationalen Tag im November. Da zieht jeder typische Kleidung aus seinem Heimatland an. Vom selben Tag stammt das Bild mit den vier Damen in langen Kleidern. Wir sind in historischen Kostümen gekommen, weil die USA keine Landestracht haben. Ich stehe ganz links und trage ein Kleid aus der britischen Kolonialzeit, das daneben stammt von den Pilgervätern, dann kommt ein Kleid aus der Besiedlung des Wilden Westens und noch eines von den Pilgervätern.

Das nächste Foto zeigt fünf von uns Lehrern an einem Platz namens Mondhügel in Yangshou, China. Ein *unglaublich* schöner Ort! Auf der letzten

Miss McKee — hier rechts im Bild — und ihre Kindergarten-Klasse in landestypischen Kleidern.

Fotoseite ist eine Höhle abgebildet, die wir (die fünf Lehrer) besucht haben. Dort werden einige der Tropfsteinfiguren mit bunten Lichtern angestrahlt. Das Gebilde ganz unten soll aussehen wie ein Pfau ...

Noch einmal danke, dass wir an deinem *Writing to the World*-Projekt teilnehmen können!! Du bist ein sehr ehrgeiziger junger Mann!

Zài jiàn! (Auf Wiedersehen!)

Nín de péng yōu (Deine Freunde) aus Miss McKees Kindergarten-Klasse (Jaden, Viviana, Shekinah, Kensuke, Kai, Dana, Hiroshi, Ava, Ethan, Ji Won, Lucy, Scarlett, Amy, Sarah und Ilir)

Lieber Toby,

mein Name ist Viviana. Ich bin aus Korea. Meine Schule heißt ISW. Sie ist grün und weiß. Nach der Schule habe ich Koreanischen Club. Wie ist England?

Deine Freundin
Viviana

Indien

Toby hat eine ganze Reihe Briefe nach Indien geschrieben –
am liebsten möchte er alle Bundesstaaten nacheinander abha-
ken, so wie es ihm schon bei den USA, Kanada und Australien
gelungen ist. Nur einen einzigen Brief auszusuchen, fiel uns
sehr schwer, deshalb haben wir uns einfach für die beiden
allerersten entschieden. Ramesh und seine Tochter haben Toby
das Kennenlernen dieses vielfältigen Landes wunderbar
leicht gemacht, und Tanya hat uns noch eine riesige Menge
Zusatzinformationen geschickt. – Es sieht nicht so aus, als würde
Toby von Indien jemals genug bekommen!

Brief an Ramesh

Hallo Ramesh,

wie geht es dir? Bist du beim Holi Festival mit Farbpulver beworfen worden?
Warst du schon einmal im Charminar?
Tschüss

Toby

Antwort von Ramesh

Hallo Toby,
ich wünsche dir ein sehr glückliches neues Jahr.

Danke, dass du mir geschrieben hast.

Indien ist ein großer vereinter Staat, der sich kulturell in viele Regionen unterteilt: Nordindien, Nordostindien, Ostindien, Südwestindien, Westindien und Zentralindien. In allen diesen Regionen unterscheiden sich die Sprachen, das Essen und das Wetter.

Manche Feste werden im ganzen Land gefeiert. Und andere werden nur in wenigen Teilen des Landes gefeiert. Das Farbenfest (Holi) gibt es im Norden und Westen von Indien. Das Lichterfest (Diwali) feiert man fast überall im Land, außer am Südrand. Das Erntefest gibt es wirklich überall in Indien, aber unter verschiedenen Namen.

Auch Weihnachten wird in ganz Indien gefeiert. Ich hoffe, du hattest ein schönes Weihnachten? Was hat Santa Claus dir geschenkt?

Ich schicke dir ein Buch über Indien, das dir hoffentlich gefällt. Außerdem lege ich eine Landkarte bei, auf der ich meine Heimatstadt markiert habe.

Ich war vor ein paar Jahren im Charminar.

Ramesh

Map not to Scale. Representative only.

Die Postkarte von Tanya zeigt die Regionen Indiens. Ein riesiges Land, findet Toby. Wie lange es wohl dauert, das zu erkunden?

Brief an Tanya

Liebe Tanya,
wie geht es dir? Warst du schon im Lotustempel? Trägst du einen Sari?
Warst du im Taj Mahal?
Tschüss

Toby

Antwort von Tanya

Lieber Toby,
hier sind ein paar Fakten über das Taj Mahal, die nur wenige Leute wissen:

1) 22.000 Arbeiter haben ganze 21 Jahre lang daran gebaut!
2) Das Taj Mahal hat zu verschiedenen Tageszeiten scheinbar verschiedene Farben!
3) Von allen vier Seiten sieht es exakt gleich aus!

Ich hoffe wirklich, dass du Indien eines Tages besuchen und es selbst sehen kannst.

Der Lotustempel ist so wunderhübsch! Und innen ist es ganz, ganz still. Anders als die Straßen von Delhi, wo ständig Lärm herrscht! Hier sind Autos, Rikschas und sogar Kühe unterwegs.

In Delhi haben wir auch das Jantar Mantar, eine uralte Sternwarte! Davon gibt es fünf Stück in Indien. Die anderen vier sind in Jaipur, Ujjain, Varamasi und Mathusa. Dieses wurde in den 1720er-Jahren von dem Maharadscha (das heißt »großer König«) Jai Singh II. gebaut, der Mathematik, Architektur und Astronomie liebte. Jedes der Gebäude auf dem Foto ist in Wirklichkeit ein gigantisches astronomisches Instrument. (Damals gab es leider noch keine Teleskope.) Jantar heißt übersetzt »Instrument« und Mantar bedeutet »mathematische Formel«.

Chat ist eine (sehr leckere) Art von Snack. Hier kommt das Rezept meiner Mutter für Chana Chat.

Rezept für Chana Chat

1. Kichererbsen kochen und 1 gehackte Zwiebel,
    1 Tomate und Koriander hinzufügen.
2. Mit Salz, rotem Chilipulver und Kreuzkümmel abschmecken.
3. Frisch gepressten Zitronensaft hinzugeben ... und fertig ist das Essen!
    Nach Geschmack auch gern verändern.

Ich hoffe, du magst es!

Rezept für Früchte Chat

Obst klein schneiden (z.B. Bananen, Äpfel, Guaven, Birnen, Orangen, Weintrauben usw.), mit Chat Masala würzen (gibt es in jedem Asia-Laden). Nach Geschmack Salz und Zucker hinzufügen.

Currently, about 780 languages are spoken in India and 86 scripts are being used. In Delhi, Hindi is most commonly spoken.

This is your name in Hindi:

टोबी लिटल
(Toby) (Little)

Here are some more Hindi words and phrases:

- Namaste (Hello)
(नमस्ते)

- Dhanyavaad (Thank You)
(धन्यवाद)

- Aap kaise hain?
(आप कैसे हैं?)
(How are you?)

- Main theek hoon.
(मैं ठीक हूँ)
(I'm fine.)

_____
_____
_____
_____

chumbak

Die Postkarte mag Toby besonders, weil er seinen Namen dort zum ersten Mal auf Hindi lesen konnte.

Indonesien

Als Toby den Briefwechsel mit Karenina begann, war gerade die Ramadan-Zeit 2015. Um genau zu sein, schrieb Karenina ihre Antwort am dritten Tag des Ramadan, und der Brief kam kurz vor dem Tag des Fastenbrechens bei uns an. Daher war die Zeit genau richtig, um uns ein bisschen näher damit zu beschäftigen, und wir besuchten schließlich sogar ein Fest des Fastenbrechens. Außerdem probierten wir Kareninas Rezept für Nasi Goreng, das wirklich himmlisch schmeckt!

Brief an Karenina

Liebe Karenina,

wie geht es dir? Kann man zum Nationalmonument hochsteigen?
Was für Essen gibt es in Indonesien? Kannst du uns bitte ein Rezept schicken?
Warst du schon im Drachenmuseum? Wie sagt man »Mein Name ist Toby«
auf Indonesisch? Wie ist bei euch die Schule?
Tschüss

Toby

Antwort von Karenina

Lieber Toby,

mir geht es nicht nur gut, sondern ganz wunderbar.

Heute ist mein dritter Fastentag. Alle Moslems auf der Welt haben die Pflicht, in der »Ramadan« genannten Zeit zu fasten. Von morgens bis Sonnenuntergang dürfen wir nicht essen oder trinken und nur Gutes tun. Übrigens hoffe ich, dass du auch einen schönen Tag hattest!

Ja, man kann bis zum Sockel des Nationalmonuments gehen! Aber ich habe das zum letzten Mal gemacht, als ich in deinem Alter war. Jetzt bin ich 16. Hier gibt es alles Mögliche zu essen. Meine Lieblingsspeise ist Krebs-fleisch mit schwarzem Pfeffer! Ein sehr verbreitetes Gericht ist *Nasi Goreng*, also gebratener Reis.

Rezept für Nasi Goreng Spezial

Zutaten

2 EL süße Sojasauce
2 EL Tomatensauce
1 TL Salz
½ TL Zucker
½ TL Krabben-Paste (auf Indonesisch: *Terasi*)
2 Chilis
4 Portionen Reis (gekocht)
100 g Hühnerbrust, gebraten und gewürfelt
200 g Krabben (gepult)

Zubereitung

Etwas Butter in der Pfanne erhitzen, alle Gewürze und die zerdrückten Chilistücke hinzufügen, rühren, bis es stark duftet. Dann Reis, Hühnchen und Krabben hinzufügen und beim Braten weiter gut durchrühren.

Schick mir doch vielleicht auch dein Lieblingsrezept aus Großbritannien. Ja, ich war im Drachenmuseum! Dort gibt es ganz viele Sorten, die wundervoll bunt bemalt sind. In deinem Alter konnte ich noch keine Drachen steigen lassen. Ich war total unbegabt! 😊

»Mein Name ist Toby« = *Nama saya Toby*.

Die Schule hier ist toll! Wir haben je nach unserer Klassenstufe verschiedene Uniformen. Am meisten liebe ich die Kantine! Hier sieht sie ganz anders aus als bei euch. Wir müssen unser Essen selbst kaufen und deshalb ist die Kantine voll von Händlern. Es gibt ein eigenes Wort dafür, sich in der Schule das Essen zu kaufen: *Jajan*.

Vor dem Eingangstor stehen auch immer viele Händler. Man kann alle möglichen coolen Sachen bekommen, z. B. Hühnerbabys und Schnecken (niedlich als Haustiere), Wasserballons und natürlich Snacks. Was gefällt dir an deiner Schule am besten, und was ist dein Lieblingsfach? Ich persönlich *hasse* Mathe und bin auch total schlecht darin: ☺. Übrigens studiert meine Schwester in Southampton und macht gerade ihren Master! Ich habe England noch nie besucht, aber gehört, dass es sehr nett & friedlich ist. In Indonesien ist es heiß & überfüllt, aber die Menschen sind alle sehr freundlich! ☺

Ganz liebe Grüße
Karenina
Tschüss

Irak

Wir waren nicht ganz sicher, bei welchem Land wir diesen
Brief einordnen sollten, aber die Adresse war im Irak, auch wenn
Toby eigentlich an einen syrischen Jungen geschrieben hat.
Dilan lebt nämlich in einem Flüchtlingscamp.
Wir bekamen den Kontakt durch das Hilfsprojekt »ShelterBox«,
das von Toby unterstützt wird. Einer der Freiwilligen bot an,
Dilan den Brief zu geben und seine Antwort zurückzubringen.
Wir ergriffen diese besondere Gelegenheit sehr gern.
Vielen Dank an ShelterBox!

Brief an Dilan

Lieber Dilan,

wie geht es dir? Es tut mir leid, dass du dein Zuhause verlassen musstest.
Bist du okay? Ist Tanbur-Spielen schwer? Worum geht es in den Liedern,
die du schreibst? Was willst du werden, wenn du groß bist?
Welches Essen gibt es bei euch?

Tschüss

Toby

Antwort von Dilan

Hallo Toby,

vielen Dank und liebe Grüße an dich. Ich habe mich sehr gefreut, deinen
Brief zu bekommen. Er hat mich bestärkt. Meine Hoffnung ist, ein internationaler Musiker zu werden. Ich wünsche dir eine schöne Zukunft und
dass wir immer Freunde bleiben. Melde dich wieder.

Danke

244

Iran

Kaveh ist der Neffe einer Bekannten. Er lebt in Teheran,
und Toby hat ihm mehr als einmal geschrieben.
Kavehs Antwort kam auf Persisch, mit einer englischen
Übersetzung. In Tobys Antwortbrief gab er sich dann Mühe,
auch etwas auf Persisch zu schreiben.

My favourite mythical creature is

Simorgh

سیمرغ

I'm learning english

1*

اگه اوم ... خونی های. ن. آن موقع انگلیسی من

خوب شده و من می توانم با تو حرف بزنم.

1*
Toby wouldyou
like to visit Tehran
some day? Please
come to visit me. I am
learning English. By
then hopfully we
can talk.

Toby hatte Kaveh ein
Bild von einem Yeti
geschickt und gefragt,
was wohl Kavehs liebste
mythische Kreatur
sei. Wir hatten noch
nie von einem Simorgh
gehört und hatten viel
nachzuschlagen.
Jetzt wissen wir:
Der Simorgh ist ein
Schutzvogel mit
übernatürlichen
Kräften.

Japan

Wir kannten Joseph aus der Zeit, als er noch in England lebte.
Daher gehörten Joseph und seine Frau Satoko zu den Top 10
auf unserer Liste und bekamen sehr schnell einen Brief.
Wir sind in Kontakt geblieben, und die beiden haben inzwischen
selbst einen kleinen Jungen.

Brief an Joseph und Satoko

Hallo Joseph und Satoko,
geht es euch gut? Was mögt ihr besonders an Japan? Ich habe gesehen, was du in mein Buch geschrieben hast — vielen Dank! Heute bin ich fünf Kilometer gelaufen. Ich weiß, dass du auch gern läufst.
Tschüss

Toby

Antwort von Joseph und Satoko

Konnichiwa Toby! (Hallo auf Japanisch)
Vielen Dank für deinen Brief. Wir haben uns sehr darüber gefreut. Uns geht es beiden gut. Heute haben wir Sonntag, also machen wir uns einen entspannten Tag zu Hause in Tokio. Später wollen wir in unser Lieblingsrestaurant gehen und Sushi essen (rohen Fisch). Das Essen in Japan schmeckt sehr lecker! Wir nehmen deinen Kuschelpinguin Pepe mit, denn er LIEBT rohen Fisch genau wie wir!

Wir mögen Japan sehr, die Leute sind freundlich, überall ist es sauber, die Landschaft ist schön, und man kann viele tolle Orte entdecken! Diesen Sommer werde ich auf den Fuji klettern, den höchsten Berg in Japan.

Tatsächlich ist der Fuji ein Vulkan, aber zum Glück schläft er zurzeit. Außerdem mögen wir die ganze Technik in Japan. Hier wird es gerade sehr populär, sich im täglichen Leben von Robotern helfen zu lassen.

Du schaffst fünf Kilometer?!! Wow! Dafür habe ich 30 Jahre Training gebraucht, und du kannst es jetzt schon. Ich bin sehr beeindruckt! Morgen will ich auch laufen gehen. Ich war gern bei euch zu Besuch und habe mich gefreut, etwas in dein Buch schreiben zu können. Hoffentlich treffen wir uns eines Tages wieder, vielleicht in Japan!

Bitte, grüß deine Mutter von uns! Alles Liebe aus Tokio!

Joseph und Satoko

Die Karte hat uns Yuni geschickt. Gleich zwei Walt-Disney-Parks gibt es in Japan.
Wie bunt das alles ist. Wow!

Jordanien

Toby war begeistert, an Anees und Vanessa schreiben zu können.
Erstens fanden wir beide die Stadt Petra faszinierend,
und zweitens ist Anees gleichzeitig ein Bildhauer und stellt
Requisiten für Filme her. Diesen Job fand Toby sehr cool, auch
wenn sein eigener Traum eher wäre, an einer archäologischen
Ausgrabung in Petra teilzunehmen.

Brief an Anees und Vanessa

Hallo Anees und Vanessa,
wie geht es euch? Gibt es in Petra archäologische Ausgrabungen?
Welchen Teil der Stadt mögt ihr am liebsten? Bekommst du durch Petra viele
Ideen für deine Kunstwerke? Wie wird man Requisitenmacher beim Film?
Tschüss

Toby

Antwort von Anees und Vanessa

Lieber Toby,
danke für deinen Brief. In Petra gibt es archäologische Ausgrabungen.
Tatsächlich ist bisher erst ein Drittel der Stadt freigelegt worden; Der Rest
wartet noch auf seine Entdeckung. Das Bild auf der Postkarte zeigt eines
der größten Monumente und meinen Lieblingsplatz in Petra.

   Meine Skulpturen sind oft von der uralten Kunst beeinflusst, die man
in Petra und anderen klassischen Stätten findet. Da ich weiß, wie man
Stein, Holz und andere Materialien bearbeitet, werde ich manchmal
gefragt, ob ich Requisiten für Filme herstellen kann. Zum Beispiel habe
ich Steinbrocken aus Schaumstoff geformt, die ganz echt aussahen und
in einer Kampfszene auf die Schauspieler heruntergeworfen wurden. In
Jordanien gibt es viele erstaunliche Plätze; hoffentlich kommst du eines
Tages zu Besuch.

   Anees und Vanessa

Malediven

Toby hat diesen Brief von einer Gruppe Schüler bekommen, als er fünf war. Im Laufe des Projekts wurde ihm häufiger empfohlen, »unbedingt tauchen zu lernen, wenn du älter bist«. Er will den Rat so bald wie möglich befolgen und die ganzen fantastischen Meeresgeschöpfe sehen, von denen so viele Brieffreunde ihm vorgeschwärmt haben.

Brief an Sharon

Liebe Sharon,

wie geht es dir? Hast du schon einmal einen Walhai gesehen? Was für Essen gibt es bei euch? Bist du mit einem Wasserflugzeug geflogen, und wenn ja, wie war es? Mir gefällt, dass alle deine Schüler den Leuten in der Gegend helfen.

Tschüss

Toby

Antwort von Sharons Schülern

Lieber Toby,

wir sind Sharons Klasse und freuen uns sehr, dass du uns geschrieben hast. Um deine Fragen zu beantworten: Wir haben schon Walhaie gesehen, aber nicht auf den Malediven. Dafür findet man hier viele hübsche Quallen, Aale, Delfine und sogar riesige Mantarochen und Haie. Wir waren alle schon mit einem Wasserflugzeug unterwegs. Es sieht aus wie ein fliegendes Boot, und der Blick ist toll. Man sieht viele Inseln und Riffe, weil Wasserflugzeuge nicht so hoch fliegen können wie echte Jets.

Was das Essen betrifft, gibt es jede Menge unterschiedliche Fischgerichte. Außerdem sind auf den Malediven scharfe Gewürze sehr beliebt.

Du solltest unbedingt tauchen lernen, wenn du älter bist. Es ist aufregend, denn man kann massenweise bunte Fische, Korallen und andere coole Tiere sehen. Bestimmt wird dir das eine Menge Spaß machen.

Wir hoffen sehr, dass du unser Land eines Tages besuchst. Danke für deinen netten Brief. Pass gut auf dich auf.

Lamha, Anama, Yasim, Laisa, Ainnie, Maryam, Raaima und Modith

Auf den Malediven gibt es viele bunte Fische.
Zeit, endlich tauchen zu lernen.

Mongolei

Da ich (Sabine) schon in der Mongolei und sogar im britischen
Konsulat war, konnten wir auch hier an Reiseerlebnisse und
Familiengeschichten anknüpfen. Allerdings wussten wir vorher
nicht, dass es eine Konsulatskatze gibt. Toby war besonders von
der sehr offiziell aussehenden Karte begeistert.

Brief an Isabelle

Hallo Isabelle,

wie geht es dir? Was macht ein Konsul? Wie ist es in der Mongolei?
Warst du schon beim Schildkrötenfelsen?

Tschüss

Toby

Antwort von Isabelle

Lieber Toby,

danke für deinen Brief. Ich habe mich gefreut, von dir zu hören.

Uns geht es sehr gut, und wir genießen den kurzen Sommer in der Mongolei, der bedauerlicherweise nur zwei Monate dauert. Die Menschen auf dem Land bereiten sich bereits auf den harten Winter vor, da er mit Temperaturen bis zu minus 50 Grad in der Tat sehr kalt werden kann.

Unser 20-jähriger Sohn Will wird den ganzen Sommer bei uns verbringen, worüber wir uns besonders freuen. Er war schon an einer Vielzahl von konsularischen Aufgaben beteiligt, beispielsweise hat er Colonel John Blashford-Snell bei der Rückkehr von seiner Expedition begrüßt und sich mit den britischen Offizieren getroffen, die an der Militärübung »Khaan Quest 2013« der multinationalen Friedenstruppen beteiligt waren.

Unser Wohnort Ulan-Bator ist die kälteste Hauptstadt der Welt. Die Bevölkerung besteht aus ungefähr 1,3 Millionen Menschen, wovon gute 800.000 noch immer in ihren traditionellen *gers* (Jurten) leben. Eine Postkarte ist auf dem Weg zu dir, auf deren Abbildung du eine Jurte, Vieh und eine mongolische Familie sehen kannst.

Im Moment sind überall Bauarbeiten, sodass die ganze Stadt laut und staubig ist, aber da sie sich so enorm schnell entwickelt, werden neue Gebäude und Straßen dringend gebraucht. Unter anderem wird 60 Kilometer außerhalb der Stadt ein neuer internationaler Flughafen errichtet, der sicher viele zusätzliche Menschen herbringen wird.

Der Konsul ist ein sehr beschäftigter Mann, dessen Aufgabe darin besteht, das Vereinigte Königreich und Nordirland hier in der Mongolei zu vertreten. Er unterstützt britische Firmen nach besten Kräften bei ihren Auslandsgeschäften; außerdem arbeitet er direkt mit der Regierung der Mongolei zusammen und trifft regelmäßig den Präsidenten, den Premierminister und die übrigen Minister, um sie von unserer Sichtweise in politischen Angelegenheiten zu überzeugen.

Er klärt das mongolische Volk über Großbritannien und seine kulturellen, politischen und wirtschaftlichen Vorzüge auf, um Freundschaft und Verständnis zu fördern.

Jedes Jahr feiern wir den Geburtstag Ihrer Majestät der Königin, wozu wir mongolische und britische Gäste in unser Heim einladen. Dieses Jahr spielte die Mongolische Militärkapelle für uns die Nationalhymne und reiste kurz darauf nach Schottland ab, um am Musikfestival »Edinburgh Military Tattoo« teilzunehmen. Letztes Jahr beehrten uns einige Mitglieder des mongolischen Paralympics-Teams und teilten mit uns den Geburtstagskuchen Ihrer Majestät, den ich zuvor gebacken hatte.

Im Übrigen sind wir auch verantwortlich für Minnie, die Konsulatskatze. Sie ist inzwischen zehn Jahre alt. Das Personal fand sie als Junges verletzt nach einem Autounfall, hat sie adoptiert und sich seitdem rührend um sie gekümmert. Minnie verbringt viel Zeit im Büro des Konsuls und trinkt manchmal sogar seinen Tee!

In unserem privaten Heim, das als die »Residenz« bezeichnet wird, haben wir einen eigenen Kater namens Morris. Wir haben ihn von unserem Zuhause in Derbyshire mitgebracht. Er ist sehr reiseerfahren, denn er war auch schon mit uns in Japan. Hier hat er sich gut eingelebt und jagt mit viel Vergnügen die Mäuse und Vögel im Garten.

Den Schildkrötenfelsen haben wir Anfang des Jahres besucht und fanden ihn sehr interessant. Er liegt im Nationalpark Gorkhi-Terelj, in dem man wunderbar wandern und reiten kann, allerdings war es bei unserem Besuch sehr kalt: minus 35 Grad! Am selben Tag haben wir auch mit großem Vergnügen einem Kamelpolo-Turnier zugesehen.

Noch einmal vielen Dank für deinen Brief, und ich hoffe, dieser kurze Einblick in unser Leben hier in der Mongolei hat dir gefallen.

Mit den besten Wünschen

Isabelle (Ehefrau des Königl. Britischen Konsuls in der Mongolei)

Diese Postkarte mit einer mongolischen Ger kam getrennt vom Brief an — und war ein bisschen schneller!

Nepal

Von Anfang an waren Nepal und der Mount Everest
für Toby besonders faszinierend. Während seines
Briefprojekts wurde das Land von mehreren Naturkatastrophen
erschüttert. Eine der Überlebenskisten, für die Toby
Spendengelder gesammelt hat, ging nach Nepal und half dort
einer in Not geratenen Familie.

Brief an Prabin

Lieber Prabin,
wie geht es dir? Warst du Bergsteigen im Himalaja? Welches Essen gibt es
in Nepal? Was hast du für einen Beruf? Was gefällt dir an deinem Leben
in Kathmandu am besten?
Tschüss

Toby

Antwort von Prabin

Lieber Toby,
beste Grüße aus dem Land des Himalaja!

Ich habe mich gefreut, deine Post zu bekommen. Es geht uns allen erfreulich gut hier in Kathmandu, der Hauptstadt von Nepal, wo ich mit meiner Familie lebe. Wir haben einen Sohn, der Arnav heißt und vier Jahre alt ist.

Himalaja ist ein bisschen zu weit, doch ich war in der Bergregion 4000 Meter über dem Meer bei Annapurna (einem der beliebtesten Wander- und Klettergebiete gleich nach Everest).

In Nepal essen wir meistens Reis gedämpft oder gekocht, Linsensuppe, Gemüse der Jahreszeit und Fleisch (Huhn, Schwein, Büffel, Fisch, Ziege, Ente und Lamm). Für Festtage bereiten wir viele verschiedene Essen zu. Kinder mögen besonders *Momo/Chomin*. Momo sind Klöße aus Mehl und Fleisch. Man kann sie süß füllen oder mit Gemüse und Pilzen.

Ich arbeite in einem Reisebüro und organisiere und manage ganze Urlaubspakete, die die Reisenden nach Nepal, Indien, Bhutan oder auch Tibet führen.

Kathmandu (»Stadt voll Ruhm und Glanz«) ist ein kultureller Ort mit vielen Festen, und das Klima ist sehr angenehm, nicht zu kalt im Winter und nicht einmal heiß im Sommer.

Schreib mir, wenn du mehr über mein Land wissen möchtest.

Hab einen schönen Tag!

Mit viel Liebe aus Nepal

Prabin

Die Basilius-Kathedrale in Moskau — wie im Märchen.

Russland

Die Hauptstadt Moskau liegt natürlich in Europa, aber da der größte Teil von Russland zum asiatischen Kontinent gehört, haben wir das Land auf Tobys Website dort eingeordnet – dadurch fühlt sich hoffentlich niemand gekränkt! Toby ist ein großer Fan der Basilius-Kathedrale; wir haben sogar ein Modell davon gebaut. Aber dank Julias Brief wissen wir nun, warum die meisten Fotos das Gebäude nur von außen zeigen!

Brief an Julia

Hallo Julia,

wie geht es dir? Warst du schon einmal in der Basilius-Kathedrale?

Wie hältst du dich im Winter warm?

Tschüss

Toby

Antwort von Julia

Lieber Toby,

wie geht es dir?

Ich kann dir sagen, dass die Basilius-Kathedrale von innen gar nicht hübsch ist. Alles nur Stein. Aber jeder Stein dort hat seine Geschichte!

Und falls du jemals nach Russland im Winter kommst, denke auf jeden Fall an warme Kleidung! Wollpolover (schreibt man das so?!), Handschuh unbedingt und eine warme Mütze! Mit warmer Kleidung kannst du im Schnee draußen spielen.

Sag deiner Mutter von mir Hallo.

Deine russische Freundin

Julia

Singapur

Bing war zwar nicht Tobys erster und einziger Kontakt
in Singapur, aber bestimmt der bunteste.
Die Idee, einen Brief auf bemaltem Aquarellpapier zu schreiben,
fand Toby wunderschön.

Dearest Toby,

Thank you for your letter. How do you do? I am fine.

The Botanic Gardens is beautiful. I celebrated my birthday this year by having a picnic at the Gardens. I enjoy attending concerts and plays at the Esplanade. Every Saturday morning, I go to the beach for a jog with my sister.

School was fun and I certainly miss my schooling days. The crescent moon on our flag represents a rising young nation — we are very proud to turn 50 years old this year!

Loves,
Bing.

Bing schreibt in seinem Brief, dass er seinen Geburtstag im Botanischen Garten verbracht hat. Toby hatte gehört, dass er zu den größten in Asien gehört, und Bing danach gefragt. Außerdem erzählt Bing, dass das kleine Land an der Grenze zu Malaysia gerade sein fünfzigjähriges Bestehen feiert. Toby kann sich zwar nicht alle Geschichtsdaten merken, aber wir werden dank Bings Kommentar nun immer wissen, dass der Brief von 2015 stammt.

Sri Lanka

Durch Sam wurden wir zum ersten Mal auf das Problem
aufmerksam, das viele Länder mit wilden oder ausgesetzten
Hunden haben. Außerdem hat Sam Fotos geknipst,
während sie ihren Antwortbrief im Postamt aufgab.
Dadurch fühlte es sich fast an, als wäre man selbst
mit ihr in Sri Lanka, sagt Toby.

Brief an Sam

Hallo Sam,
wie geht es dir? Wieso gibt es in Sri Lanka so viele Straßenhunde?
Kann man immer noch sehen, dass ihr 2004 einen Tsunami hattet?
Tschüss

Toby

Antwort von Sam

Hallo Toby,
vielen Dank für deinen Brief. Ich war ganz aufgeregt, als der Postbote ihn gebracht hat.

Du hast mir ein paar richtig gute Fragen gestellt. ☺

In Sri Lanka gibt es sehr viele Hunde, und manche haben keine Besitzer, sodass sie ihr ganzes Leben auf der Straße verbringen. Falls sie Besitzer haben, können sie oft trotzdem draußen herumstreunen, wie sie wollen, weil die Grundstücke keine Zäune haben.

Ich arbeite für die Stiftung »Dogstar«, und einer meiner Jobs besteht darin, den Leuten beizubringen, wie man sich am besten um Tiere kümmert. Wir geben ein Malbuch für Kinder heraus, ich schicke dir ein Exemplar mit. Hoffentlich hast du daran so viel Spaß wie ich.

In Sri Lanka werden drei Sprachen gesprochen, Singhalesisch, Tamil und Englisch. Der Buchtext ist auf Singhalesisch und Englisch. Da Singhalesisch ein anderes Alphabet benutzt, wirkt es auf den ersten Blick ziemlich schwierig zu lesen und schreiben.

Die Tsunami-Welle war sehr, sehr riesig, sie wurde durch ein Erdbeben im Meer ausgelöst. Sie hat viele Gebäude und Hotels an den Stränden beschädigt. Aber das meiste davon wurde inzwischen repariert.

Noch einmal danke für deinen Brief. Es hat mir wirklich Freude gemacht, ihn zu lesen & deine Fragen zu beantworten.

Sam ☺

Südkorea

Toby hat an ziemlich viele Schulen geschrieben, aber mit diesem
Brief landete er zum ersten Mal in einer Schülerzeitung.
Wir haben uns das traditionelle koreanische Trommeln im
Internet angeschaut – es sieht sehr elegant aus!

Brief an die Mittelschule Gyeongseo

Hallo an alle,
wie geht es euch? Erzählt ihr mir von eurer Schule? Wart ihr schon im
Apsan Park und habt die versteinerten Fußabdrücke von Dinosauriern gesehen?
Was gibt es bei euch zu essen?
Tschüss

Toby

Antwort von Megan und Yebih

Hallo Sabine und Toby,
vielen Dank für eure Briefe. Ich habe meiner Klasse im Internet ein paar
Zeitungsberichte über Toby gezeigt und auch in unserer englischsprachi-
gen Schülerzeitung kurz von Tobys Abenteuer berichtet. Leider passt das
Heft nicht in den Briefumschlag. Aber ich habe Toby ein paar Aufkleber
mitgeschickt.

Die Schüler fanden seine Geschichte sehr spannend und hatten Spaß
daran zu lernen, wie man auf Englisch einen Brief schreibt.

Unsere Schule liegt am Südrand von Daegu in der Nähe des Arbore-
tums. Vor ein paar Wochen war es hier recht kalt und hat sogar schon einmal geschneit, aber diese Woche liegen die Höchsttemperaturen wieder
bei zwölf Grad.

Lass mich bitte wissen, wenn du diesen Brief bekommst. Meine Schüler
werden sich sehr freuen. Sie haben in letzter Zeit hart gearbeitet, denn
diese Woche sind die Abschlussprüfungen. Das koreanische Schuljahr

beginnt im Februar und endet im Dezember, sodass der Monat Januar rund um das chinesische Neujahrsfest größtenteils frei ist. Wir freuen uns schon auf die Ferien.

Mit freundlichen Grüßen

Megan Kyker

Lieber Toby,

wie geht es dir? Mir geht es gut, aber langsam wird es kalt. Bald kommt der Winter. Wir haben eine kleine Schule mit nur 130 Schülern. Sie liegt ländlich. Wir haben einen Wettbewerb im Trommeln gewonnen! Ich mag den Sportunterricht, weil ich gern Badminton spiele. Unser Unterricht ist von 8 bis 16 Uhr.

Nein, ich war nicht im Apsan Park, aber will dort bald hin. Mein Lieblingsgericht ist Bibimbap. Ich esse jeden Tag Reis. Was isst du am liebsten?

Danke

Yebih

ยินดีที่ได้รู้จัก = Nice to meet you!

(Yin-dee-tee-dai-roo-chak)

Es wäre toll, so schön malen zu können. Toby hat beschlossen, dass Thailändisch eine ganz schön schwierige Sprache ist!

Chiang Mai, Thailand
10/09/2015

Thailand

Wir haben Kung zuerst auf Tobys Facebook-Seite »getroffen«,
wo sie viele Einträge mit Beispielen aus Thailand kommentierte.
Zum Beispiel hat sie uns vom Loy-Krathong-Fest erzählt,
bei dem selbst geflochtene Körbe mit Blumen geschmückt und
den Fluss hinuntergeschickt werden. Wenn sie auf dem Wasser
forttreiben, sollen sie Sorgen und Pech mitnehmen.
Toby ist von Basteleien immer begeistert, also haben wir hier
in England unseren eigenen Krathong hergestellt.
Kung hat auch andere Ideen für Kunsthandwerk und viele
Rezepte mit uns geteilt. – Durch sie haben wir viele schöne
Stunden mit Basteln und Kochen verbracht!

Brief an Kung

Liebe Kung,

wie geht es dir? Danke, dass du mir bei meinem Projekt so oft geholfen hast. Hattest du Spaß beim Loy Krathong? Muss man sich bei dir zu Hause vor giftigen Tieren vorsehen? Was ist dein Beruf?

Tschüss

Toby

Antwort von Kung

Lieber Toby,

danke sehr für deinen Brief. In dieser besonderen Zeit für Thailand kann es lange dauern, wenn man etwas ins Ausland schickt, deshalb war ich zögerlich, ob ich dir die Antwort zusenden soll.

Ich bin eine technische Übersetzerin, sodass ich Berge von Technikdokumenten von Englisch in Thai übersetze. Klingt der Beruf langweilig? Stimmt, aber wenn man will, lernt man jeden Tag die neueste Technologie. Der Nachteil ist, dass alle glauben, ich sei Expertin für englische Sprache, was nicht wahr ist.

Ursprünglich war ich Chemieingenieurin, also könnte ich dir Auskunft geben, wenn du gern wissen willst, wo Erdöl herkommt.

In Thailand feiern wir das ganze Jahr viele Feste. Thailänder lieben alles, was Freude, Spaß und Unterhaltung bringt. Zum Beispiel haben wir eine Silvesterparty am 1. Januar, das chinesische Neujahr, das von Ende Januar bis Anfang Februar dauert, und das thailändische Neujahr am 13. April. Wie du siehst, feiern wir also gleich drei Mal Silvester!

Den Tag des *Loy Krathong* habe ich im Bang-Phra-Reservat verbracht, das nah bei meinem Haus liegt. Viele Leute kommen dort zum *Loy Krathong* und andere zum *Loy Komloy*. Als *Komloy* wird eine Laterne bezeichnet, die in den Himmel fliegt wie ein Heißluftballon.

Das chinesische Neujahr war diesmal am 31. Januar. Ich bin Thaichinesin, also hat meine Familie das Fest gefeiert. Es dauert drei Tage lang. In der Zeit ist es verboten, böse Worte zu sagen oder auch nur schlechte Gedanken zu haben.

Der erste Tag liegt vor Jahresende und wird »Shopping Tag« genannt, denn alle Chinesen kaufen, kaufen, kaufen (ha, ha, ha). Sie besorgen, was sie für den »Opfertag« brauchen.

Denn der zweite Tag ist der Opfertag für die Götter, für die verirrten Geister (weil sie keine Verwandten haben) und für die Vorfahren. Gaben für Opfer sind Mahlzeiten aus Schwein, Ente, Huhn, Fisch, Tintenfisch und Früchten sowie Silber-Goldpapier. Jede Art von Fleisch, Obst und anderen Dingen hat eine bestimmte Bedeutung. Den ganzen Tag lang wird gekocht und geopfert. Am Ende verbrennen wir das Silber-Goldpapier und feuern die Raketen und Böller ab.

Der letzte Tag macht am meisten Spaß. Er heißt »Freudentag« und ist der erste des neuen Jahres. Alle Eltern nehmen ihre Kinder mit zu Besuch bei Großeltern und älteren Verwandten, um zu sagen: »*Sin Jia You Ei, Sin Nee Huad Chai*« (Fröhliches Neujahr, wohlhabendes Neujahr) und andere freundliche chinesische Worte. Die Großeltern und alle Erwachsenen verschenken Geld in roten Umschlägen und rufen »*Ang Pao*« (roter Umschlag) zu den Kindern. Je mehr Verwandte du besuchst, desto mehr *Ang Pao* hast du bekommen (ha, ha, ha)! (Ich habe auch einen Ang Pao für dich in den Brief gelegt. ☺) Die Erwachsenen verschenken *Ang Pao* auch an ihre Eltern.

Jetzt komme ich zu deiner Frage über giftige Tiere.

Ja, es gibt hier bei meinem Haus giftige Tiere, und am meisten Angst macht mir die Kobra. Manchmal besuchen Schlangen meine Wohnung. Die meisten sind die harmlosen grünen Baumschnüffler. Aber manchmal kommen auch große, gefährliche Kobras. Danke an meinen Hund, der sie wegjagt.

Eine von den ungewöhnlichen Schlangen, die einmal auf das Grundstück gekommen ist, war eine sehr große Python. Von Mitternacht zu Sonnenaufgang ist sie auf einen Baum geklettert, über meinen Zaun, in meinen Fischteich, und schließlich ist sie wieder verschwunden. Meine Hunde waren sehr böse, aber ich habe sie im Haus behalten, damit sie nicht von der Python gefressen werden.

Auch giftig sind der Riesenskorpion und der Tausendfüßler. Es gibt mehr Tausendfüßler als Skorpione, die sich unter den Steinen im Garten verstecken. Also muss ich immer sehr vorsichtig sein, wenn ich in den Beeten arbeite.

Tschüss

Kung

Turkmenistan

Wir hören öfter von Schulen, dass sie Tobys Post als
Unterrichtsmaterial benutzen – entweder um zu lernen,
wie man Briefe schreibt, oder um ein bisschen über
Großbritannien zu sprechen. Aber in diesem Fall haben
die Kinder etwas über ihr eigenes Land gelernt.
Als Toby nach Wahrzeichen in der Region fragte, hat der Lehrer
daraus einen Klassenausflug gemacht. Die Kinder haben
verschiedene Orte besucht, mehr darüber gelernt, sie
abgezeichnet und die Bilder an Toby geschickt!

Brief an die Internationale Schule Aschgabat

Hallo an alle,

wie geht es euch? Wart ihr schon beim »Tor zur Hölle« in Derweze?

Könnt ihr mir von dem Erdbeben-Monument in Aschgabat erzählen?

Wie ist eure Schule?

Tschüss

Toby

Antwort von der Internationalen Schule Aschgabat

Lieber Toby,

danke für deinen Brief. Uns geht es gut. Wir haben uns sehr über den Brief gefreut.

Manche von uns waren am Derweze (Feuerkrater). Der ist echt cool. Manche von uns gingen am Feuerkrater campen. Wir hatten viel Spaß, weil wir Papierflugzeuge gefaltet haben, um sie in die Mitte vom Krater fliegen zu lassen. Wir dachten, sie würden zu brennen anfangen und explodieren, aber das geschah nicht. Die Flugzeuge sind ganz hoch über den Krater gestiegen. Wusstest du, dass er schon seit 40 Jahren brennt?

Gestern (Montag, 7. Okt.) war der 65. Gedächtnistag des Erdbebens. Aus diesem Grund und weil du nach dem Monument gefragt hast, sind wir als Klassenausflug zu zwei Gedenkstätten in Aschgabat gefahren. Wir haben Bilder davon gezeichnet, was wir gesehen haben. Hoffentlich magst du sie.

Durch deinen Brief ist unsere Klasse in den Newsletter der Schule gekommen. Wir haben dir einen davon geschickt.

Hoffentlich magst du die Bilder, die wir von den Gedenkstätten gezeichnet haben. Der Stier darauf war so riesig.

Wir gehen gern zu unserer Schule in Aschgabat. Sie ist klein, und wir mögen es, wenn die großen Kinder (High School) in unsere Klasse kommen und spaßige Sachen machen. Wie ist deine Schule?

Deine Freunde

Internationale Schule Aschgabat Klasse 5

Der Krater brennt seit vierzig Jahren — durch Erdgas, das dort austritt.
Die Einheimischen nennen ihn »Tor zur Hölle«.

Rezept aus den Vereinigten Arabischen Emiraten:

Lgeimat

Dieser Nachtisch ist im Monat des Ramadan sehr beliebt, um das Fasten zu brechen, wie Carol uns schrieb. Sie hat uns dieses Rezept zusammen mit einem wundervollen Brief geschickt, durch den wir einen Einblick in die Gebräuche und Kultur Arabiens bekamen. Damals waren wir gerade extrem im Stress, deshalb sind wir auch erst eine Weile später dazu gekommen, das Gericht auszuprobieren – aber es hat sich gelohnt! Zwar musste Toby sich von dem heißen Öl fernhalten, aber er hat bei allen anderen Schritten mitgeholfen ... natürlich auch beim Verputzen am Ende ... okay, vor allem beim Verputzen!

Zutaten für 35–40 Stück

3 Tassen Mehl
2 ¼ Tassen warmes Wasser
1 TL Fertighefe
2 Eier
½ TL Kardamom-Pulver
½ TL Safran
Bratöl (nicht zu viel)
Dattelsirup
gerösteter Sesam

Zubereitung

Alle Zutaten (außer den Dattelsirup und das Öl) in eine tiefe Schüssel geben und gut durchrühren, sodass ein Teig entsteht. Den Teig für 1 Stunde aufgehen lassen, bis sich die Masse verdoppelt hat.

Das Öl bei mittlerer Hitze in eine Pfanne gießen; dabei soll die Menge höchstens bis zum halben Pfannenrand reichen. Mundgerechte Teighappen entweder mit der Hand oder einem Löffel ins Öl legen und ständig wenden, bis sie goldbraun sind.

Die fertigen Lgeimat in ein Sieb oder auf ein Küchenpapier tun, damit das überflüssige Öl abtropfen kann. Dattelsirup darübergießen, mit geröstetem Sesam überstreuen und servieren.

Rezept aus Japan:

Katsudon

Nachdem Toby in den japanischen Nachrichten war, meldeten sich sehr viele japanische Kontakte, die mit ihm Briefe tauschen wollten. Toby hat dann einen Sonntag zum »Japantag« erklärt, ganz viele Briefe geschrieben, und wir haben das Katsudon gekocht. Das ist wie Wiener Schnitzel mit Ei – und schmeckt sehr lecker.

Zutaten für 4 Personen

Pflanzenöl zum Frittieren
4 Rippenkoteletts vom Schwein, ohne Knochen und dünn geklopft (ca. 2 cm)
Salz und Pfeffer
für die Panade: 3 EL Mehl, 1 Ei, schaumig geschlagen, 1 Tasse Panko (japanisches Paniermehl aus Weißbrot)
für die Brühe: 1 Tasse Dashi-Fischbrühe (ersatzweise Wasser), 6 EL Sojasauce, 6 EL Zucker, 4 EL Mirin (japanischer Reiswein zum Kochen)
3 Lauchzwiebeln und 3 kleine Zwiebeln, dünn geschnitten
3 bis 4 Eier, schaumig geschlagen
7 Tassen gedämpfter weißer Rundkornreis

Zubereitung

Das Pflanzenöl in einem Wok erhitzen. Die flach geklopften Koteletts salzen und pfeffern, dann nacheinander mit Mehl bestäuben, in das geschlagene Ei tunken und durch das Panko ziehen. Die Koteletts einzeln im Öl frittieren, bis sie leicht gebräunt sind. Das Fleisch auf einem Küchentuch abtropfen lassen und in 2 bis 3 cm dicke Streifen schneiden.
Für die Brühe Dashi, Sojasauce, Zucker und Mirin in einer Schale vermischen.
Etwas Öl in eine heiße Pfanne füllen und die Zwiebeln anbraten, bis sie glasig werden.

Die Brühe darüber gießen, dann die Koteletts hinzufügen. Den restlichen Eischaum über den Inhalt der Pfanne gießen und Lauchzwiebeln darüber streuen. Zugedeckt etwa 1 Minute kochen lassen, bis das Ei größtenteils gestockt ist.

Den Reis in vier kleine Schüsseln verteilen, darauf jeweils ein Kotelett und eine Portion Eier-Mix anrichten. Heiß servieren.

OZEANIEN

Australien

Der Kontakt mit dieser Schule kam über die Schwester einer Arbeitskollegin von Sabine zustande. Er führte zu Tobys erstem Brief nach Australien. Die Schüler malten als Antwort auf Tobys Fragen bunte Bilder, und so bekamen wir vom Postboten eines Morgens einen großen Umschlag voll mit Tieren, Gebäuden und anderen Wahrzeichen Sydneys überreicht.

Die Harbour Bridge wird auch Kleiderbügel genannt.

Das Opera House ist das Wahrzeichen von Sydney.

Dear Toby

a ~~ka~~ Ngaroo

Love George

Kängurus gibt es in Australien an fast jeder Ecke.

Dear Toby

I am 5

Rainbow
ram Bo

Lorikeet
Loru kee

I Liv
in hantishil.

Lov saskia

Das Gefieder des Loris-Papageis schimmert wie ein Regenbogen.

Marshallinseln

Bei vielen der Inselnationen im Pazifischen Ozean ist der Klimawandel unübersehbar. Die Vorstellung, dass ganze Staaten umsiedeln müssen, wenn der Meeresspiegel weiter steigt, hat anscheinend wenig Bezug zu einem kleinen Jungen in England, der oben auf einem Hügel lebt. Aber durch die Briefe, die Toby bekommen hat, konnte er die Probleme besser verstehen.

Brief an Irene

Liebe Irene,

wie geht es dir? Gibt es bei euch viele Stürme? Kannst du tauchen?

Reisen die Menschen oft zwischen den Inseln? Was lehrst du an der Universität?

Ist schon einmal jemand auf dem Atoll rund um deine Insel gewandert?

Tschüss

Toby

Antwort von Irene

Hallo Toby,

danke für deinen Brief. Unser Staat besteht aus zwei Archipelen mit vielen Inseln und kleinen Korallenatollen. Die beiden heißen *Ralik* (Sonnenaufgang) und *Ratak* (Sonnenuntergang). Sie haben verschiedene Stammesführer, aber die Sprachen und Gebräuche sind die gleichen. Obwohl unser Staat sich weit über das Meer erstreckt, ist Land selten und kostbar.

Du hast nach dem Wetter gefragt – wir haben Stürme (letzte Nacht einen sehr heftigen!), aber dafür ist es hier nie kalt, denn wir befinden uns nah am Äquator. Der Klimawandel macht uns viele Sorgen und nächstes Jahr soll es hier eine große Konferenz zu dem Thema geben. Wenn der Meeresspiegel auch nur einen Meter steigt, werden die Inseln von Salzwasser überschwemmt, die Pflanzen auf den Feldern gehen ein, und schließlich wird das Land ganz verschwinden. Dann bleibt den Menschen nichts anderes übrig, als umzusiedeln.

Ich hoffe, du hast dich online über die Marshallinseln informieren können. Hier lehren wir alle Fächer mithilfe von Internet-Fernkursen.

Beste Wünsche

Irene

Die Marshallinseln sind sehr weit verstreut – kein Wunder, dass viele Menschen über das Internet lernen!

Nauru

Nauru ist der drittkleinste Ministaat der Welt (nach dem Vatikan und Monaco). Dort leben weniger Menschen als in unserem Nachbarstädtchen. Toby war fasziniert von dem Gedanken, dass man ein ganzes Land zu Fuß umrunden kann.
Adam hat uns erzählt, dass man dafür drei bis vier Stunden bräuchte, und wir haben schließlich schon Spaziergänge gemacht, die länger waren!

Brief an Adam

Lieber Adam,

wie geht es dir? Bist du schon einmal ganz um Nauru herumgewandert?
Woraus besteht die traditionelle Kleidung? Welches Essen gibt es bei dir?
Kann jeder Einwohner schwimmen?

Tschüss

Toby

Antwort von Adam

Hallo Toby,

danke für den Brief und die Postkarte. Ich glaube nicht, dass wir vorher schon oft Post aus Großbritannien bekommen haben. ☺

Meiner Familie und mir geht es gut, danke. Wir leben nun seit fünf Jahren als baptistische Missionare auf Nauru, und unsere kleine Insel mitten im Nirgendwo gefällt uns ausgezeichnet. Ich habe eine Frau (Christie) und drei Jungen – Elijah (7), Titus (3) und Gideon (15 Monate).

Nun zu deinen Fragen ...

Nein, ich bin noch nie um die ganze Insel herumgewandert. Das sollte ich wohl einmal machen, aber bisher bin ich nicht dazu gekommen. Meine Frau hat die Insel schon ein paar Mal mit dem Fahrrad umrundet und dazu weniger als eine Stunde gebraucht. Zu Fuß dauert es drei bis vier Stunden, und die Strecke ist ungefähr 18 Kilometer lang. Am besten unternimmt man das am Morgen oder späten Nachmittag, denn in der Tageshitze ist es viel zu warm.

Die traditionelle Kleidung besteht aus Blättern der Kokospalme und anderen Grünpflanzen, zusammen mit Kränzen oder *Leis* aus Frangipani-Blumen. Aber das tragen die Leute nur noch zu speziellen Anlässen, im Alltag kleiden sich die meisten ganz normal.

Das Essen für unsere Familie ist vollständig importiert. Die meisten Nauruer essen mindestens einmal am Tag Reis. Einheimische Speisen sind zum Beispiel Kokosfisch (roher Thunfisch in Kokosnussmilch und Limettensaft) und andere Fischgerichte, oder *noddy birds* (kleine Seeschwalben). Die Vögel fressen winzige Fische, die mit den Thunfischschwärmen kommen … und daher schmecken sie wie fischiges Hühnchen. Ich mag sie nicht wirklich, aber die meisten Einheimischen schon.

Auf Nauru gibt es viele Fischer, mich und meine Jungs inklusive. Auf einem der Fotos siehst du Elijah mit seinem größten Wahoo von elf Kilogramm; Titus steht neben ihm. *Noddy birds* zu fangen macht ebenfalls Spaß. Man geht kurz vor Sonnenuntergang nach Oben (so nennen alle die Inselmitte) und stellt ein Stereogerät auf, das Seeschwalben-Geschnatter und Gequäke abspielt. Dann kommen die Vögel bei Dunkelheit und flattern herum, weil sie von den Geräuschen angelockt werden. Man kann sie mit einem großen, an einem Stock befestigten Netz aus der Luft fangen. Ich jage sie lieber, als sie hinterher zu essen. Das geht mir bei Fischen ähnlich. ☺

Obst und Gemüse werden alle sechs Wochen mit dem Schiff geliefert und wöchentlich mit dem Flugzeug. Es gibt einige Früchte, die man auf der Insel selbst anbauen kann, z.B. Mangos (wir haben einen großen Baum in unserem Garten), Bananen (davon haben wir auch einige Stauden) und den Brotfruchtbaum (die Früchte können so groß werden wie Fußbälle). Manchmal stellen wir aus den Brotfrüchten auch »Pommes« her und essen *Fisch and Chips* … das schmeckt richtig lecker. ☺

Nicht alle hier können schwimmen, aber die meisten schon. Meine Kinder gehen am liebsten jeden Abend an den Strand und schwimmen bis Sonnenuntergang. Vor Kurzem wurde ein Surfclub eröffnet, und jetzt ist das ihr neuestes Hobby.

Auf dem anderen Foto sieht man Elijahs ersten Schwertfisch. Er hat 20,5 Kilogramm gewogen, und mein Junge hat eine halbe Stunde gebraucht, um ihn einzuholen. Es gab ein bisschen davon zum Abendessen, und der Rest wurde auch verbraucht. ☺ Auf Nauru bleibt kein Fisch lange ungegessen. ☺ Bestimmt ist dir aufgefallen, dass Elijah auf beiden Fotos sein »Glücks-Shirt« trägt. ☺

Nun, ich hoffe sehr, dass mein Brief dir gefällt. Ich werde dir auch ein paar Ansichtskarten von Nauru schicken; ein Mitglied unserer Kirchengemeinde arbeitet im Postamt. ☺

Noch einmal vielen Dank für deinen Brief. Ich wünsche dir alles Gute beim Schreiben an die Welt.

Adam auf Nauru

Nauru ist der drittkleinste Staat der Erde — und wunderschön!

Neuseeland

Tobys Brief an Eloise war der erste Brief nach Neuseeland.
Eloises Mutter beantwortete seine Fragen: Sie schrieb, dass
sie und Eloise in der Nähe des Meers leben und dass sie schon
mal ganz oben auf dem Sky Tower waren, dem größten Turm
auf der Südhalbkugel, wie Toby zuvor herausgefunden hatte.
Aber ganz besonders toll fand Toby das Bild von Eloise:
ein »explodierender Regenbogen«.

Ein neuseeländischer Regenbogen, gemalt von der kleinen Eloise.

Palau

Unsere Kontaktperson für Palau war der Bildungsminister,
da er sich netterweise bereit erklärt hatte, Tobys Brief
zu beantworten. Wir hatten allerdings keine Ahnung, dass er
ihn auch gleich an alle Lehrer und Schulen von Palau
weitergeleitet hat. Daher waren wir sehr überrascht,
als wir plötzlich einen ganzen Haufen Briefe von palauischen
Schulkindern bekamen sowie jede Menge Zeichnungen
von Haien, anderen Meerestieren und den Inseln.
Wir lernten, wie man Hallo auf Palauisch sagt – nämlich
Alii –, und hatten eine längere Phase, in der wir uns jedes Mal
mit einem herzlichen »*Alii!*« begrüßten, wann immer
wir uns sahen, selbst auf dem Weg von der Küche zum
Wohnzimmer. Allerdings haben wir es vermutlich
ganz falsch ausgesprochen …

Brief an Palau über das dortige Bildungsministerium

Hallo an alle,

wie geht es euch? Ist das Schwimmen im Meer gefährlich? Habt ihr schon einmal einen Schulausflug zum Hai-Reservat gemacht? Wie ist euer Unterricht?

Tschüss

Toby

Antwort aus dem Bildungsministerium der Republik Palau

Alii, Toby:

Ich freue mich sehr, dich kennenzulernen. Danke für deinen Brief. Ich habe ihn am 16. August bekommen. Leider konnte ich nicht früher antworten, da ich zurzeit so viel Arbeit habe. Am kommenden Freitag ist ein Treffen mit sämtlichen Schuldirektoren von Palau geplant, und ich werde ihnen eine Kopie deines Briefs sowie deine Adresse geben, damit sie ihre Schüler an der Aktion beteiligen können. Wir werden sehen, ob die Kinder dir antworten.

Dieses Jahr gab es Schulausflüge nach Rock Island, zum Delfinpark, zum Quallensee, zu den verschiedenen Korallenriffen und anderen Orten, aber aus Sicherheitsgründen nicht ins Hai-Reservat. Ich denke, in Zukunft könnten die Kinder einen Besuch wagen, aber nur mit strengen Sicherheitsauflagen.

In unserem Inselstaat gibt es auch Alligatoren und Krokodile. Die Schüler und andere Interessierte können Gehege an Land besuchen, wo es sehr große Exemplare gibt. Wenn ich Gelegenheit bekomme, einen Alligator zu fotografieren, maile ich dir das Bild.

Dear Toby. Hi my name is Aubry. I am 10 years old. I hope you can come and discover the sharks and rock Islands in Palau.

Von den Kindern in Palau bekam Toby viele, viele bunte Zeichnungen.

Ich habe ein Foto von einigen unserer Schüler mit ihrem brandneuen Schulbus beigelegt. Die Kinder kommen von der Insel Peleliu, die aus dem Zweiten Weltkrieg bekannt ist, weil es dort eine Schlacht zwischen den USA und Japan gegeben hat.

Pass gut auf dich auf, Toby, und ich schreibe dir gern wieder.

Herzlichst

Emery Wenty

Vorsitzender des Bildungsministeriums Republik Palau

PS: *Alii* ist das palauische Wort für »Hallo«.

Lieber Toby Little,

hallo, mein Name ist Dolynn. Wir haben dich alle lieb. Wie geht es dir? Wir wissen von dir, weil wir wissen, dass du einen Brief an unsere Lehrerin geschrieben hast. Meine Lehrerin hat ihn gelesen, also wartest du jetzt auf unsere Briefe. Du weißt, dass wir auf deine Briefe warten, weil wir deine Freunde werden wollen. Wir lieben dich alle. Also pass gut auf dich auf. Und pass auf dein Zuhause auf. Wir haben dich lieb. Wir können einfach Freunde von dir sein. Wir haben dich lieb, und pass gut auf die Briefe auf, und lies meinen besonders gut, und wirf ihn nicht weg. Es ist ein guter Brief für dich.

Danke

Lieber Toby Little

Alii! Wie geht es dir? Wie ist es in England? Mein Name ist O'Mara. Ich bin acht Jahre alt. Mein Haus steht in den Hügeln. Aber ich war bei den Haien. Mein Vater hat mich hingefahren. Hast du einen Vater? Hast du einen Hund? Wie alt bist du, Toby? Das Meer ist nicht gefährlich. Es macht Spaß, wenn wir da schwimmen. Ist dein Land kalt, und darum kannst du nicht schwimmen? Unser Land ist sehr heiß.

Gott segne dich!

Hab immer einen schönen Tag.

Hello Tobi My name Iyar Dolmers I live at palau. When I was young I went to States thats why I really Know English. Palau is a very beatiful place did you know palau is the only Palau With Known Sting Jellyfish. Palau Has many island they also have many legends Palau was the only place that world war II happend in some of the bombs are still here even more tanks. Broken old houses we use them for tour Places even busted boat on the Ocean "we" use to for tour places too.

Kayangel

Ngarchelong

Ngaraard

Nigwal

Ngardmau —

melekeok

Ngeremlengui —

Ngchesar

Ngatpang —

Aimeliik

Koror —

Airai

Peleliu —

Angaur —

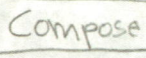

Iyar hat uns eine Karte von Palau gemalt. Das Land besteht aus 365 Inseln — für jeden Tag eine!

— sonsorol

— Hatohobei

Compose

Palau

Dear toby.

My name is Grayson. I am 9 years old I am in the fifth grade. I like to go to rock islands and collect crabs & shrimps for my collection I Like to Swim in beaches and Coral Reefs

Sincerly yours
from
Grayson

Es muss wunderschön sein, in der Nähe von Korallenriffen zu wohnen, so wie Grayson!

Papua-Neuguinea

Toby fragt in seinen Briefen oft nach Fremdsprachen.
Als wir herausfanden, dass es in Papua-Neuguinea eine
Sprache namens Hiri Motu gibt, musste er natürlich ein
paar Worte lernen. Besonders gut haben uns die Fotos gefallen,
die Juliette mitgeschickt hat. Dadurch sind wir auf das Thema
»Kostümfeste« gekommen und haben über verschiedene
Gebräuche gesprochen, z. B. dass man sich als Prinzessin
oder Spion verkleiden oder auch die traditionelle Kultur
des eigenen Landes feiern kann.

Brief an Juliette

Hallo Juliette,

wie geht es dir? Gefällt es dir, Schuldirektorin zu sein?

Wie sagt man »Mein Name ist Toby« in Hiri Motu? Gehst du tauchen?

Tschüss

Toby

Antwort von Juliette

Lieber Toby,

danke, dass du an mich geschrieben hast. Dein Brief ist gerade erst ange-kommen. Ich wollte mit meiner Antwort bis dahin warten und nicht schon vorher schreiben.

Mir geht es auf Papua-Neuguinea sehr gut.

Ich bin stolz auf meine Schule, denn wir haben tolle Kinder und sehr gute Lehrer. Manche kommen aus dem Ausland, aber die meisten aus der Umgebung. Ich habe schon viel über das Land gelernt, obwohl ich erst knapp über ein Jahr hier lebe. In den letzten 26 Jahren habe ich in vielen verschiedenen Ländern gearbeitet. Die Direktorin so einer Schule zu sein, ist eine wahre Freude. Mein Beruf ist wunderbar, und ich treffe viele inte-ressante Menschen.

Eine internationale Schule ist immer etwas Besonderes, weil wir Kinder aus allen möglichen Kulturen bei uns haben und viel voneinander lernen können. Das Unterrichtssystem ist sehr verschieden von Großbritannien, aber natürlich bringen wir den Kindern auch Lesen und Schreiben bei, genau wie bei dir. Wir haben allerdings ganz andere Schulfeste.

»Mein Name ist Toby« wird in Hiri Motu folgendermaßen geschrieben: *Lau ladagu be Toby. Lau* heißt »mein«, *ladagu* heißt »Name« und *be* (kurz gesprochen) heißt »ist«.

Ich kann nicht tauchen, aber ich liebe das Schnorcheln, und in PNG gibt es ein paar fantastische Orte dafür. Zum Beispiel war ich im Tufi-Reservat. Das kannst du bestimmt im Internet finden und selbst sehen, wie wunderschön es dort ist.

Ich hoffe, es macht dir Spaß, überall auf der Welt an Schulen zu schreiben. Jedenfalls finde ich die Idee ganz großartig.

Tschüss

Juliette

Juliette schickte uns Fotos von einem der Schulfeste, wo die Kinder traditionelle Kleidung tragen.

Rezept aus Australien:

Anzac Cookies

Toby hat schon sehr viele Briefe nach Australien geschrieben, ein Land, das er sehr gern einmal besuchen würde. Als wir nach einem Rezept suchten, schlugen mehrere Leute Anzac-Kekse vor, und es war ein guter Vorschlag. Sie sind sehr schnell gebacken ... und noch schneller aufgegessen!

Zutaten für 40 Kekse

Je 1 Tasse Haferflocken
1 Tasse Kokosraspel
1 Tasse Mehl
1 Tasse Zucker
120 g Butter
1 EL Ahornsirup
1 TL Backpulver
3 EL Wasser

Zubereitung

Haferflocken, Mehl, Kokosraspel und Zucker in einer Schüssel miteinander vermischen. Den Sirup zusammen mit der Butter bei schwacher Hitze in einem Topf zerlassen. Das mit Wasser verrührte Backpulver unterheben. Den Topf vom Herd nehmen, die Masse in die Schüssel geben und zu einem feuchten und festen Teig kneten.
Den Teig löffelweise auf ein gefettetes Backblech geben, sodass etwa 5 cm große flache Plätzchen entstehen. Die Kekse bei 150 bis 160 Grad etwa 20 Minuten backen, bis sie leicht braun sind. Herausnehmen und leicht abkühlen lassen.
Wer Kokos nicht mag, kann diese auch durch geraspelte Haselnüsse ersetzen.

Pavlova

Pavlova ist ein großer Baiser, gefüllt mit Schlagsahne und Obst – köstlich. In England gibt es ein ähnliches Rezept, Eton Mess, mit Sahne, zerbröckeltem Baiser und Erdbeeren. Für unsere neuseeländische Pavlova haben wir Mango, Himbeeren und Blaubeeren gewählt – und Toby musste natürlich den altberühmten »Eisteiftest« machen und sich die Schüssel umgedreht über den Kopf halten!

Zutaten

8 Eier, auf Zimmertemperatur angewärmt
1 ¾ Tassen feiner Zucker, 1 Packung Vanillezucker
2 TL Speisestärke, 2 TL Weißweinessig
2 EL frisch aufgekochtes Wasser
Schlagsahne und frische Früchte als Beilage

Zubereitung

Den Ofen auf 110 Grad Umluft vorheizen. Ein Ofenblech mit Backpapier auslegen und etwas Öl darauf verteilen, damit das Papier nicht verrutscht. Mit einem Teller (25 cm Durchmesser) einen Kreis auf das Papier zeichnen – später kannst du damit die Pavlova formen.

Die Eier einzeln aufschlagen und trennen, das Eiweiß in eine saubere Rührschüssel füllen. Den Mixer auf langsamer Stufe starten und das Eiweiß schlagen, bis es beginnt, fest zu werden. Die Geschwindigkeit des Mixers auf mittlere Stufe erhöhen und den Zucker allmählich in das Eiweiß mischen. Speisestärke und den Essig mit dem letzten Löffel Zucker hinzufügen, mixen, bis der Zucker sich völlig aufgelöst hat. Vanillezucker und das kochende Wasser zufüllen, ungefähr eine Minute lang weiterschlagen.

Den fertigen Baiserteig in den Kreis auf dem Backblech füllen, mit einem Küchenspatel schön rund formen. Das Blech in die untere Hälfte des Ofens schieben und

1 ½ Stunden backen. Nach 1 ½ Stunden den Ofen ausschalten und bei geschlossener Ofentür die Torte über Nacht (oder mindestens 3 Stunden) darin stehen lassen.
Kurz vor dem Servieren Schlagsahne steif schlagen, auf die erkaltete Baisermasse geben und mit mundgerecht zugerichteten frischen Früchten garnieren.

VERSCHIEDENE

Wir haben das Buch zwar nach Kontinenten aufgeteilt,
aber einige Briefe ließen sich nicht so einfach zuordnen, deshalb
sind sie hier untergebracht. Übrigens enthält dieser Abschnitt
einige ganz besondere Briefe, die zu Tobys Favoriten gehören!

Grönland

Ontario

Vatikanstaat

Connecticut

Ecuador

Südafrika

Antarktis

319

James und seine Mitarbeiter waren einfach fantastisch —
einen besseren Geburtstagsgruß gibt es bestimmt nicht!

Antarktis

Der Kontakt zu James hat uns beide unglaublich überrascht,
und wir sind immer noch ganz gerührt von seiner
Hilfsbereitschaft. Er arbeitet in der Wissenschaftsstation
am Südpol, und bei der Unterstützung für Tobys Projekt hat
er sich wirklich selbst übertroffen.
Abgesehen von seinem wundervollen Brief, in dem er das Leben
und die Forschungsarbeit am Südpol erklärte, hat er auch
Fotos mitgeschickt, auf denen er Tobys Anschreiben
in Empfang nimmt.
Als sich Tobys sechster Geburtstag näherte, hat er ein riesiges
Banner mit der Aufschrift HAPPY BIRTHDAY, TOBY gemalt und
sein ganzes Team dazu gebracht, es an den beiden Südpolen
hochzuhalten. Die Fotos davon und auch das Banner selbst
bekamen wir per Post zugeschickt. Dieses Geburtstagsgeschenk
wird sich wohl nie mehr überbieten lassen!

Brief an James

Lieber James,

wie geht es dir? Warum müssen wir etwas über winzige Teilchen im All wissen?

Hast du die *Aurora Australis* gesehen? Gibt es am Südpol auch Kinder?

Was machst du in deiner Freizeit? Spielst du manchmal im Schnee?

Woher bekommst du dein Essen? Hast du schon einmal einen Pinguin gesehen?

Arbeiten am Südpol auch Paläontologen?

Tschüss

Toby

So kommt die Post am Südpol an!

Antwort von James

Lieber Toby,

ich finde deine Neugier auf die Welt und die Menschen sehr aufregend! Bestimmt hast du eine Menge über unsere Erde gelernt. Aus einem ähnlichen Grund wollen wir mehr über winzige Teilchen wissen – so wie du über die Welt –, denn als Wissenschaftler möchten wir das ganze Universum und seine Entstehung verstehen. Die Neutrinos, die wir studieren, enthalten Informationen darüber, wie sie erschaffen wurden. Wir können mehr über das Universum lernen, indem wir in den Himmel schauen und dort winzige Teilchen anstatt bloß Sonnen- oder Sternenlicht sehen.

Ich bin nur im Sommer am Südpol, wenn die Sonne rund um die Uhr scheint. Deshalb habe ich die Aurora Australis noch nicht gesehen. Aber ich besuche auch bestimmte Aussichtspunkte in der nördlichen Arktis, und dort sind mir die Polarlichter – Aurora Borealis – schon begegnet. Sie sind wunderschön!

Am Südpol gibt es keine Kinder. Dieser Ort wäre vermutlich zu gefährlich. Aber in anderen Teilen der Antarktis haben schon Kinder gewohnt, und eines wurde sogar hier geboren. In unserer Station leben nur Wissenschaftler und die Leute, die alles am Laufen halten. Einige verbringen den ganzen sonnenlosen Winter hier. In der Kälte und Dunkelheit kann niemand aus der Station heraus oder herein.

Du hast gefragt, was ich in meiner Freizeit tue. Ja, manchmal spielen wir wirklich im Schnee. Einige Leute hier machen Skulpturen aus Schneeblöcken. Aber die meiste Zeit bleiben wir drinnen. Wir haben einen Fitnessraum und einen Gesellschaftsraum, in dem wir Billard spielen oder Filme anschauen können. Einen Fernseher gibt es nicht. Manche von uns machen Ausflüge mit Langlaufskiern. Letztes Jahr habe ich draußen Golf gespielt. Da war ich ziemlich froh, dass sie den Ball orange angemalt haben.

Fast unser ganzes Essen wird mit denselben Flugzeugen geliefert, die auch mich und die anderen hierher gebracht haben. Das meiste davon ist tiefgefroren, bis wir es brauchen. Im Sommer können auch frisches Obst und Gemüse dazukommen, was wir als einen »Frischi« bezeichnen. Außerdem gibt es ein Gewächshaus, wo wir Gemüse für die Winterleute anbauen.

Ich habe Pinguine gesehen! Sie sind cool! Ha, kein Wunder bei den Temperaturen. (Kleiner Witz, verstanden?) Dieses Jahr sind mir zwei Kaiserpinguine begegnet.

Ich wüsste nicht, dass es am Südpol auch Paläontologen gibt. Sie studieren ja prähistorische Lebensformen, und hier bei der Station sind wir das einzig Lebendige weit und breit. Für alles andere ist es zu kalt und trocken, daher gibt es auch keine Nahrungsquellen für Tiere. Das Eis bei uns ist 3000 Kilometer dick. Allerdings war die Antarktis früher einmal ein warmer Kontinent. Aber falls es hier Leben gab, liegt es zu tief unter der Eisschicht verborgen. Ich kann mir gut vorstellen, dass Paläontologen an anderen Stellen der Antarktis arbeiten, wo das Eis weniger mächtig ist. Bestimmt will jemand das vergangene Leben auf dem Kontinent erforschen.

Hoffentlich behältst du dein Interesse für Wissenschaft! Vielleicht bekommst du eines Tages sogar eine Gelegenheit, die Antarktis zu besuchen! Halte jedenfalls an deiner Neugier fest! Du hast mit deiner Aktion etwas Wundervolles geleistet! Ich hoffe, du konntest auch andere Kinder dazu inspirieren, solche erstaunlichen Ideen zu entwickeln und die Welt mit offenen Augen anzuschauen.

Alles Gute und viel Glück in der Zukunft!

James

Südpolstation

Sommer 2013/14

Wie es wohl ist, wenn man in seiner Freizeit den Pinguinen beim Spielen zusehen kann?

Connecticut, USA

So wie viele Kinder ändert Toby regelmäßig seine Meinung
darüber, was er als Erwachsener einmal werden will, aber
der Beruf »Meeresarchäologe« passt gleichzeitig zu seiner
Begeisterung für Geschichte und für die Ozeane.
Er hat viele Bücher über die *Titanic* gelesen und war im
siebten Himmel, als Dr. Ballard sich bereit erklärte,
einen Brief von ihm anzunehmen.

Brief an Dr. Ballard

Lieber Dr. Ballard,

wie geht es Ihnen? In welchem Alter hatten Sie zuerst die Idee, nach der *Titanic* zu suchen? Woher wussten Sie, was man lernen muss und welchen Beruf man braucht, um die *Titanic* zu finden? Wo ist die *Argo* jetzt? Wird sie noch benutzt? War es in der *Alvin* unheimlich? Wie haben die kleinen U-Boote und Tauchroboter ihre Namen bekommen? Woran arbeiten Sie jetzt? Haben Sie Ruth Becker getroffen?

Tschüss

Toby

Antwort von Dr. Ballard

Hallo Toby,

ich freue mich immer, wenn ich Briefe von Kindern im Grundschulalter bekomme, die sich bereits so sehr für die TITANIC interessieren. Ich wollte das Wrack mein ganzes Leben lang finden, aber trotzdem wäre es mir beinah nicht gelungen. Zur gleichen Zeit, als wir danach suchten, waren auch andere der TITANIC auf der Spur. Wir hatten nur das große Glück, dass die Marine uns einen Geheimauftrag gab und wir im Anschluss auf Wracksuche gehen konnten. Jeder von uns ist immer noch dankbar, bei dieser Entdeckung dabei gewesen zu sein.

   Ich bin in San Diego aufgewachsen, und meine Eltern ließen mich stundenlang ungestört an der Küste spielen und forschen. Oft habe ich auf den Horizont gestarrt und wollte wissen, was wohl dort draußen und tief unter Wasser liegt. Nachdem ich *20.000 Meilen unter dem Meer* von Jules Verne gelesen hatte, wusste ich genau, was ich als Erwachsener tun wollte. Ich lernte fleißig Mathe und Naturwissenschaften und verlor mein Ziel nie aus den Augen. Als ich mit der *Scripps Institution of Oceanography*, Kalifornien, auf meine erste Expedition ging, war ich 17 Jahre alt. Seitdem bin ich über 50 Jahre lang über die Weltmeere gefahren und erforsche sie immer noch mit der gleichen Begeisterung.

Die ferngesteuerten Unterwasserfahrzeuge haben ihre Namen aus der griechischen Mythologie. ARGUS war ein Sagenheld, der das Schiff ARGO gebaut hat. JASON war der Kapitän dieses mythischen Schiffs. Deshalb haben wir beschlossen, unsere ROVs so zu taufen. (Nebenbei hast du jetzt schon etwas über griechische Sagen gelernt, die du sicher eines Tages in der Schule durchnehmen wirst.) Der Name NAUTILUS für mein Schiff kommt aus dem Jules-Verne-Buch, das ich oben erwähnt habe.

In einem kleinen Unterwasserfahrzeug zu sitzen, ist immer ein bisschen unheimlich und auch nicht ganz ungefährlich. Deshalb führen wir unsere Forschungen lieber ferngesteuert mit *Hercules* und *Argus* durch. Beide befinden sich auf meinem Forschungsschiff NAUTILUS. Sie brauchen auch weniger Zeit zum Ab- und Auftauchen als ein U-Boot, in dem ein Mensch sitzt. Es gibt immer noch Tauchgänge mit den personengesteuerten Fahrzeugen, aber ich glaube nicht, dass ich noch einmal mitmachen werde.

Du hast mich gefragt, woran ich jetzt arbeite. Ich reise viel herum, fahre immer noch zur See und halte Vorträge an Schulen und Institutionen. Besonders gefällt es mir, wenn sich Kinder für die Naturwissenschaften, Mathematik und Technik begeistern lassen.

Im Augenblick bin ich mit der NAUTILUS auf dem offenen Meer. Wer weiß, was wir in den nächsten Monaten entdecken werden!

Ich hoffe, dass ich viele deiner Fragen beantworten konnte. Streng dich in der Schule an, und vielleicht wirst du eines Tages auch etwas ganz Besonderes entdecken.

Mit herzlichen Grüßen

Dr. Robert D. Ballard

Ecuador

Die Galapagosinseln sind für Toby schon seit Langem
sein absolutes Traumziel, und er ist entschlossen,
möglichst schnell Spanisch zu lernen, um sich mit den Leuten
dort unterhalten zu können. Als seine Schule ein Kostümfest
veranstaltete, verkleidete sich Toby als Charles Darwin.
Wir haben das Museum für Naturgeschichte in London besucht,
wo er unbedingt die Darwin-Ausstellung mit den
Originalschriften sehen und ein Foto von der Statue haben
wollte. Swen Lorenz von der Charles-Darwin-Stiftung war so
freundlich, sich als Briefkontakt zur Verfügung zu stellen.

Brief an Swen

Lieber Swen,

wie geht es dir? Was ist dein Lieblingstier? Bist du Lonesome George begegnet?

Glaubst du, außer ihm gibt es noch andere Pinta-Riesenschildkröten?

Aus welchen Ländern kommen eure ganzen Wissenschaftler?

Wie kann ich ein Forscher der Charles-Darwin-Stiftung werden?

Können Kinder bei der Galapagos-Forschung mitmachen?

Hat die Stiftung auch persönliche Sachen von Charles Darwin?

Wann hast du zum letzten Mal etwas Neues über die Evolution gelernt?

Wieso sind die Galapagosinseln gefährdet?

Tschüss

Toby

Antwort von Swen

Lieber Toby,

es war mir eine Freude, deinen Brief zu erhalten, und beiliegend findest du alle Antworten auf deine Fragen.

Du scheinst ein wunderbares Interesse an den Naturwissenschaften und unserem Planeten zu haben. Meine besten Wünsche zu deinem Geburtstag und für deine zukünftige Berufskarriere!

Mit freundlichen Grüßen

Swen Lorenz

(Geschäftsführender Direktor der Charles-Darwin-Stiftung)

1) Was ist dein Lieblingstier?

Ganz ohne Zweifel die Meerechse! Dieses Reptil ist das allerbeste Beispiel dafür, wie Evolution abläuft. Seine Vorfahren landeten hier und fanden keine Nahrungsquellen, deshalb mussten sie sich anpassen, um zu überleben. Sie tauchen ins Meer, um nach Algen zu suchen, weil sie keine andere Wahl haben. Entweder schaffen sie die Anpassung oder sie sterben. Hier bei der Forschungsstation sehe ich sie täglich und muss bei ihrem Anblick jedes Mal lächeln, selbst wenn ich einen schlechten Tag habe.

Swen und Toby haben eine große Gemeinsamkeit: Sie lieben Meerechsen!

2) Bist du Lonesome George begegnet?

Ja, viele Male, denn sein Gehege befand sich nah am Büro unserer Stiftung. Leider weilt George nicht länger unter uns, aber wir denken oft an ihn, und die Ausrottung der Pinta-Schildkröten erinnert uns daran, warum unsere Arbeit so wichtig ist.

3) Glaubst du, außer ihm gibt es noch andere Pinta-Riesenschildkröten?
In gewisser Weise hoffen wir das. Wahrscheinlich werden wir auf der Pinta-Insel keine mehr entdecken, aber wir hoffen, dass die Pinta-DNS bei Riesenschildkröten von anderen Inseln zu finden ist. Im Moment gibt es mehrere spannende Projekte, bei denen die Gene von Schildkröten studiert werden, und wir drücken die Daumen, dass dabei in nächster Zeit auch ein Verwandter von George auftaucht.

Eine Riesenschildkröte, die Tobys Tante bei ihrem Besuch auf den Galapagosinseln fotografierte.

4) Aus welchen Ländern kommen eure ganzen Wissenschaftler?
Ein großer Pluspunkt bei der Arbeit für die Charles-Darwin-Stiftung ist der Mix aus verschiedenen Nationalitäten. Die meisten Wissenschaftler

des Teams stammen aus Ecuador, aber wir haben auch Forscher aus Deutschland, Spanien, Großbritannien, den USA, Chile und Neuseeland.

5) Wie kann ich ein Forscher der Charles-Darwin-Stiftung werden?
Beende deine Schulzeit mit den bestmöglichen Noten, geh zur Universität und such dir dann einen Freiwilligenjob im internationalen Umweltschutz, um Erfahrungen in der Feldforschung mit einem gemischten Team zu sammeln. Eine ökologische Berufskarriere anzustreben, ist nicht immer leicht, aber wenn du etwas mit Leidenschaft tust, hast du auf jeden Fall den richtigen Weg für dich gefunden.

6) Können Kinder bei der Galapagos-Forschung mitmachen?
Ja, sicher! Kinder sind hervorragende Forscher und Umweltschützer. Erst vor ein paar Wochen war unser Team für Öffentlichkeitsarbeit in den Hügeln der Galapagosinsel Santa Cruz unterwegs, um mit Kindern aus vielen verschiedenen Ländern die Riesenschildkröten zu erforschen. Dazu wurden die Schildkröten mit GPS-Geräten aufgespürt und ihr Kot untersucht. (Keine Sorge, die Köttel riechen gar nicht so schlimm!)

7) Hat die Stiftung auch persönliche Sachen von Charles Darwin?
Wir haben keine Erinnerungsstücke an Darwins Galapagosreise – dafür musst du ins Naturhistorische Museum von New York oder London gehen. Aber wir haben etwas Besseres, nämlich einen echten Familienangehörigen. Darwins Ururenkel Randal Keynes ist im Vorstand der Stiftung und gehört zu unseren Freunden und Förderern. Da Charles Darwin von Abstammungslinien fasziniert war, würde er sich bestimmt freuen, dass Mr. Keynes unsere Arbeit mit seinen öffentlichen Beiträgen unterstützt.

8) Wann hast du zum letzten Mal etwas Neues über die Evolution gelernt?
Hier auf Galapagos gab es erst kürzlich ein hervorragendes Beispiel für die Evolution, sogar mit Beweisfotos! Auf der Insel Fernandina

konte ein britischer Wissenschaftler beobachten, dass Landschlangen hinunter zur Küste kommen, um Fische zu jagen. Das ist ein weiteres Beispiel für extreme Anpassung, um zu überleben. Zuerst konnte ich es gar nicht glauben, als ich davon erfuhr – eine Landschlange, die auf Fischfang geht!

9) Wieso sind die Galapagosinseln gefährdet?
Das Ökosystem auf Galapagos ist sehr empfindlich. Seit die ersten Menschen sich auf den Inseln niedergelassen haben, wurden fremde Spezies eingeführt, unter denen die wundervolle natürliche Artenvielfalt leidet. Dazu kommen weitere Probleme wie der Klimawandel, der dazu geführt hat, dass die Tierpopulationen sogar von leichten Temperaturschwankungen stark beeinflusst werden. Wir müssen ein Auge auf solche Gefahren haben und weiter daran arbeiten, dass die Inselwelt für uns alle geschützt und erhalten bleibt.

Grönland

Toby hat sich verzweifelt gewünscht, einen Briefpartner
in Grönland zu finden, und nach mehreren Versuchen hat
ihm schließlich die reizende Paarnaq geantwortet.
Wir haben ihr Rezept für Kalaallit Kaagiat ausprobiert,
das hervorragend schmeckte!

Brief an Paarnaq

Liebe Paarnaq,

wie geht es dir? Was für ein Haus ist auf der Flagge von Nuuk?
Wie sagt man »Ich heiße Toby« auf Kalaallisut? Kannst du uns bitte ein
grönländisches Rezept schicken? Magst du es, wenn nachts die Sonne scheint?
Gibt es bei euch Nordlichter? Hättest du in Grönland gern Bäume?
Tschüss

Toby

Antwort von Paarnaq

Lieber Toby,

mit geht es gut. Hier ist es sehr schön, nachdem der Winter endlich vorbei
ist, auch wenn in den Bergen noch etwas Schnee liegt.

Die Hauptstadt Nuuk hat keine Flagge, sondern ein Wappen. Darauf
sieht man Grönlands älteste Universität Ilinniarfissuaq, die 1897 gebaut
wurde. Sie bildet Lehrer aus.

Der Name Toby wird bei uns übrigens genauso ausgesprochen wie bei
euch. ☺

Ich schicke dir ein Rezept namens *Kalaallit Kaagiat*. Das bedeutet
»Grönländischer Kuchen«. Es ist eine Mischung aus Kuchen und Brot. Wir
schneiden ihn in Scheiben und essen ihn mit Butter, vor allem bei Treffen
von Familie und Freunden. Hoffentlich schmeckt er dir.

Im Sommer steht die Sonne rund um die Uhr am Himmel. Das genießen
wir sehr und vergessen manchmal, welche Tageszeit wir haben. Die meisten Menschen verbringen dann ihre Zeit draußen: Sie fischen, jagen oder

besuchen ihre Sommerhütten in der Natur. Im August und September können wir in der Wildnis auch Beeren pflücken. Wir nennen sie *Paarnat*, ähnlich wie mein Name Paarnaq.

Im Winter ist es draußen sehr kalt und sehr dunkel. Hier in Nuuk, wo ich lebe, verschwindet die Sonne um drei oder vier Uhr nachmittags. Also können wir fast jeden Tag die Nordlichter sehen. Und sie fangen an, sich zu bewegen, wenn wir pfeifen. Das ist eine Sage über die Nordlichter: Wenn du sie anpfeifst, stürzen sie herunter, schneiden dir den Kopf ab und spielen damit Ball. Als Kinder hatten wir immer Angst, bei Nordlicht zu pfeifen. Lustig! ☺

Ich wurde in einem kleinen Ort namens Narsaq geboren, der an der Südküste von Grönland liegt, und dort gibt es Bäume. Um genau zu sein, gibt es Bäume in der Nachbarstadt Narsarsuaq. Aber wir hatten viele Büsche, und manche davon werden sehr hoch, fast wie kleine Bäume.

In Südgrönland gibt es vor allem Bauern, die von ihren Schafherden und den Beeten mit Kartoffeln, Salat, Rüben und Blumen leben, und in Nordgrönland gibt es vor allem Jäger, die von ihren Fängen leben: Seelöwen, Wale, Rentiere, Moschusochsen und Fische.

In der Mitte von Grönland liegt der Hauptort Nuuk, wo ich wohne. Die Stadt ist wie andere Städte, mit einem Kino, einer Schwimmhalle, einem Einkaufszentrum usw. Wir leben sehr modern, obwohl es in Nuuk nur ungefähr 16.500 Menschen gibt.

Ich hoffe, du hast genug Informationen von mir bekommen, und viel Glück mit deinem Briefprojekt.

Alle guten Wünsche

Paarnaq (22 Jahre)

Rezept für Kalaallit Kaagiat

Zutaten

500 ml Wasser
25 g Backhefe
500 g Mehl
100 g Zucker
100 g Rosinen
100 g Butter
½ TL Salz

Zubereitung

- Die Backhefe in warmem Wasser auflösen und die restlichen Zutaten einrühren.
- 30 Minuten ruhen lassen.
- Den Ofen auf 200 Grad heizen. Den fertigen Teig wie ein Brot formen. Damit es nicht austrocknet, oben mit Milch oder Ei bestreichen und 30–45 Minuten backen.
- Am Ende abkühlen lassen und mit Butter genießen.

Ontario, Kanada

Chris Hadfield war kürzlich von seiner Mission auf der Internationalen Raumstation ISS zurückgekehrt, als Toby mit dem Briefeschreiben anfing. Ich kaufte mir sein Buch, und Toby bekam die Kinderversion.
Als Toby sagte, er wolle Chris schreiben, machten wir uns keine großen Hoffnungen, aber schickten trotzdem eine E-Mail. Wir bekamen eine sehr nette Antwort und die Einladung an Toby, seinen Brief abzusenden. Toby war selig, dass er Post von einem Astronauten der ISS bekommen hatte – und sucht seitdem eifrig nach Möglichkeiten, einen seiner Briefe tatsächlich ins All zu schicken!

Brief an Chris

Lieber Chris,

wie geht es dir? Welches von den Fotos, die du gemacht hast, magst du am
liebsten? Was war dein Lieblingssong, den du im All auf der Gitarre gespielt hast?
Wenn man jeden Tag 16 Sonnenaufgänge und 16 Sonnenuntergänge sieht,
sind sie alle gleich? Was macht man als Chef einer Raumstation?
Hattest du im Weltall auch einmal Angst? Was würde passieren, wenn du bei den
wissenschaftlichen Experimenten einen Fehler machst?
Was für Essen bekommt man im All?
Tschüss

Toby

Bevor Toby Chris anschrieb, hatte er sich die Fotos angeschaut, die dieser
im All gemacht hatte. Magisch!

Antwort von Chris

Lieber Toby,

ich hoffe, du bist bei guter Gesundheit, wenn mein Brief ankommt. Es tut mir leid, dass die Antwort so lange gedauert hat; soweit ich verstanden habe, bist du zwischenzeitlich sieben Jahre alt geworden, also im Nachhinein meine herzlichsten Glückwünsche!

Auf der ISS hatte ich erfreulich oft Gelegenheit zu fotografieren, daher würde es mir schwerfallen, nur eines der Bilder auszuwählen. Aber ich kann mich darauf festlegen, dass meine Lieblingsfotos meistens einen großen Teil der Erdkugel zeigen, sodass man nahezu ganze Kontinente sieht, während sich hinter der Horizontlinie die Unendlichkeit des Universums ausbreitet. Dieser Blick hat mich immer regelrecht hypnotisiert.

Ich glaube, als meinen Lieblingssong würde ich *Space Oddity* (in Gitarrenversion) bezeichnen, weil er so eine enorme Durchschlagskraft auf der ganzen Welt hatte, dass die Leute sich plötzlich wieder für Weltraumforschung interessierten. Ich hoffe, dass junge Menschen sich eher dazu motivieren lassen, schon an der Schule ein Interesse für Naturwissenschaften zu entwickeln, wenn sie damit nicht nur unkreative Berufe ohne Spaß verbinden. – Wie man sieht, kann man mit Wissenschaft überall landen!

Wenn man auf der Station die 16 Sonnenaufgänge sieht, ist jeder davon ein bisschen anders, weil sich durch den Flugweg der ISS im Orbit ständig die Perspektive verschiebt. Und was kann es wohl Schöneres geben als 16 einzigartige Sonnenaufgänge pro Tag?

Chef der ISS zu sein, lässt sich am besten mit dem Job eines Familienvaters vergleichen: VIEL Arbeit und Verpflichtungen, aber dafür bekommt man auch viel zurück. Man ist ganz allein verantwortlich für die Sicherheit der Crew und der Station, also hat man schon alle Hände voll zu tun. Aber die verschiedenen internationalen Weltraumbehörden stecken unglaubliche Zeit und Mühe ins Training jedes einzelnen Crewmitglieds, also sind wir alle – vom Kommandanten bis zum regulären Astronauten – auf jedes eventuelle Problem vorbereitet. Deshalb spielt Angst in unserem

Beruf auch wirklich keine Rolle. Selbst als wir am Ende der Expedition 35 plötzlich ein Ammoniak-Leck hatten, ist niemand von uns auch nur für einen Augenblick panisch geworden. Wir wussten alle, dass wir dringende Aufgaben zu erledigen haben, und in diesem Moment ist man so extrem auf seinen Job fixiert und hat so viele Jahre Training im Hintergrund, dass man gar nicht auf die Idee kommt, Angst zu entwickeln.

Das meiste Essen auf der Station besteht aus dehydrierten Mahlzeiten, die man auch auf der Erde bekommen würde. Man muss die Nahrungsmittel nur erst wieder hydrieren (also Wasser hinzufügen). Ein ganz besonderer Leckerbissen war für mich einmal ein Burrito mit Honig und Erdnussbutter. Das klingt nicht so aufregend, aber wenn man keinen Zugang zu seinen üblichen Naschereien hat, kann auch ein Burrito eine Delikatesse sein!

Ich hoffe, damit habe ich alle deine Fragen beantwortet, Toby, und dass dein Briefprojekt sich insgesamt gut entwickelt!

Mit herzlichen Grüßen

Col. Chris Hadfield, Astronaut a. D.

Vatikanstaat

Dieser Brief war einer der wenigen, für den wir vorher keine Erlaubnis einholen konnten, obwohl wir wirklich eine Ewigkeit versucht haben, einen Kontakt im Vatikan zu bekommen. Toby hatte einige kniffeligen Fragen an Papst Franziskus, und obwohl er darauf keine direkte Antwort erhielt, war er positiv überrascht, weil überhaupt ein Brief zurückkam!

Brief an den Pabst

Eure Heiligkeit,

wie geht es Ihnen? Mein Name ist Toby und ich bin fünf Jahre alt. Ich schreibe an jedes Land der Erde, um mehr über die Welt zu lernen und Menschen zusammenzubringen, damit unser Planet ein besserer Ort wird. Was macht man als Papst? Woher wissen Sie, dass es Gott gibt? Ist es okay, wenn man nicht an Gott glaubt, aber ein guter Mensch ist? Vermissen Sie Argentinien?
Tschüss

Toby

Antwort aus dem Vatikan

Seine Heiligkeit Papst Franziskus hat Ihren freundlichen Brief empfangen und mir aufgetragen, Ihnen meinen Dank auszurichten.

Der Heilige Vater wird Sie und Ihre Familie in seine Gebete einschließen. Er ruft den unermesslichen Segen Gottes auf Sie herab.

Monsignore Peter B. Wells
(Staatssekretär)

Südafrika

Im ganzen Buch ist dieser Brief der einzige ohne Antwort.
Außerdem ist er für Toby auch sehr untypisch, weil darin keine
Fragen vorkommen. Im Herbst 2013, kurz vor seinem sechsten
Geburtstag, begann sich Toby für Martin Luther King jr.,
Rosa Parks und Nelson Mandela zu interessieren.
Wir lasen gemeinsam einige altersgerechte Bücher über ihre
Leben, unter anderem auch die Kinderversion von Mandelas
Autobiografie *Der lange Weg zur Freiheit*. Hinterher wollte Toby
unbedingt an Mandela schreiben und ihm dafür danken,
was er für die Welt getan hat. Ich erklärte Toby, dass Mandela
sehr krank sei und wahrscheinlich nicht reagieren würde,
aber davon ließ er sich nicht abhalten.
Diesmal ging es Toby nicht darum, Fragen beantwortet zu
bekommen – er wollte einfach nur Danke sagen.

Writing to the World

1

Dear Mr. Mandela,
how are you?
My name is Toby,
and I am 5 years
old. I like the book
that you wrote
about your life.

Writing to the World

2

Thank you for
making the world
a better place.
I am writing to
every country in the
world so everyone
understands each
other better. I am
learning lots about
the World, and

3

maybe one day I
can make the
world an even
better place. I am
sorry you are not
well, I hope you
feel better soon.
Bye, Toby

Brief an Nelson Mandela

Lieber Mr. Mandela,

wie geht es Ihnen? Mein Name ist Toby und ich bin fünf Jahre alt. Ich mag das Buch über Ihr Leben. Danke, dass Sie die Welt zu einem besseren Ort gemacht haben. Ich schreibe an jedes Land der Erde, damit alle sich mehr verstehen. Dabei lerne ich ganz viel über andere Länder, und vielleicht kann ich eines Tages auch die Welt verbessern. Es tut mir leid, dass Sie krank sind. Hoffentlich geht es Ihnen bald wieder gut.

Tschüss

Toby

DANKSAGUNG

Danke an meine Mama, weil sie die
beste Mutter der Welt ist.

Toby

Bei Tobys Briefaktion haben buchstäblich Tausende von Menschen mitgeholfen. Es wäre extrem schwer, hier alle einzelnen Namen aufzulisten, und wir wollen ja auch niemanden vergessen. Also möchten wir einfach euch allen danken. Ganz egal, ob ihr eure eigene Adresse zur Verfügung gestellt oder neue Kontakte für Toby gesucht habt, ob ihr auf Facebook von eurem Leben erzählt oder uns habt wissen lassen, dass Tobys Projekt euch Freude gemacht und euer Herz berührt hat ... – danke! Eine Person möchten wir hier aber doch besonders erwähnen, nämlich Alison Hawes. Ohne ihr Buch *Ein Brief an Neuseeland* wäre Toby wahrscheinlich nie auf die Idee gekommen, an die Welt zu schreiben. Ein weiterer spezieller Dank geht an das Team von ShelterBox ... für die tägliche Hilfsarbeit und weil sie sich von Toby haben »adoptieren« lassen. Nicht zuletzt danken wir allen Menschen dort draußen, die an Toby geglaubt haben, als er sich mit fünf Jahren in den Kopf setzte, die Welt zu einem besseren Ort zu machen.

Die Welt wird von Helden gerettet.
Zumindest manchmal.
    Falls nicht, muss man die Welt
eben selbst retten.

Toby mit 3 Jahren

Dank an all diejenigen, die die Welt
retten; sei es mit einem Lächeln, einer
Umarmung oder vielen kleinen Gesten.
Ihr seid unsere Helden. Ihr rettet die
Welt. Bitte macht damit weiter –
ihr macht das großartig!

Sabine, heute

BILDNACHWEIS